RITA SANSONE VILLEMIN

La femme yoyo

Copyright © 2017 Rita Sansone Villemin / Mille Rêves Editions
All rights reserved.

ISBN : 2956052411
ISBN-13 : 9782956052418

A mes parents, Stellina et Luigi,
à mes filles, Carla et Léa,
et à Eric évidemment…

SOMMAIRE

Préambule **13**
  Moi, ex-femme yoyo 15
    Mon histoire 15
    Ma préhistoire 17
  Qui est la femme yoyo ? 19
    La femme yoyo est multiple 20
    Y a-t-il des hommes yoyo ? 20
    Le yoyo, une obsession occupationnelle ? 21

1. Que se cache-t-il derrière le yoyo ? **23**
  Un fonctionnement en tout ou rien 25
  La femme yoyo est-elle consciente de son fonctionnement
  si particulier ? 25
  Prédispositions au fonctionnement yoyo 27
    Perfectionnisme 27
    Manque de confiance et d'estime de soi 28
    Hypersensibilité 30
    Difficulté à mettre des limites 31
    Impatience, manque de persévérance 32
    Relation au corps perturbée 34
  Fonctionnement yoyo : un manque d'autonomie ? 35
    La relation aux parents : fondamentale pour devenir autonome 35
    L'adolescence : une crise nécessaire 36
    Pas d'autonomie sans sentiment de sécurité intérieure 37
    La femme yoyo : insuffisamment sécurisée 39
    La relation aux parents : plusieurs scenarii possibles 39
    La femme yoyo : agrippée, incapable de se séparer 42
  Fonctionnement yoyo, une pathologie de la dépendance 43
    Dépendance affective, dépendance à la nourriture 45
  Fonctionnement yoyo : une manière de prendre le contrôle 46

2. Yoyo alimentaire : manger ou ne pas manger 49
Nourriture et lien maternel 51
La femme yoyo, sa relation à la mère et à la nourriture 51
La mère gavante 52
La mère restrictive 53
Mère gavante ou restrictive : il s'agit avant tout d'affect 53
La nourriture, des vertus consolatrices mais pas que 54
Le régime, la mise à distance de la nourriture 55

3. Yoyo pondéral ou la relation au corps de la femme yoyo 57
La femme yoyo et son corps 59
Comment s'effectue la connexion entre corps et psychisme ? 60
Maternage sécurisant 60
Le regard de sa mère, son premier miroir 61
Appropriation du corps et processus de séparation-individuation 62
Fonctionnement yoyo : pas de connexion entre la tête
et le corps, mais un combat... 63
Premier miroir manquant ou absence du regard du père ? 64
Le yoyo pondéral, une image du corps encore plus trouble 65
La tête contrôle, le corps subit 66
Quand le corps se rebelle 68
Grossir ou maigrir : la femme yoyo dans le tout ou rien 69
Le yoyo pondéral : les régimes font grossir 70
De nouveaux outils de contrôle, encore plus de performances 71
Les autres yoyos cachés 71

4. Yoyo émotionnel ou la gestion des émotions de la femme yoyo..73
La femme yoyo mange ses émotions 75
Comment apprend-t-on à gérer, à réguler ses émotions ? 75
Du ressenti brut à la représentation mentale 75
Les parents, des "penseurs externes" 76
La confrontation à la réalité : supporter les frustrations 78
Quand les émotions font peur... 79
La femme yoyo : pas d'accueil des émotions mais un hyper-
contrôle 80
Le yoyo émotionnel ou l'hyper-contrôle des émotions 82
Un yoyo pour fuir la réalité et anesthésier les émotions 83
Qui dit contrôle... dit perte de contrôle 84
Le régime, l'autre tendance du yoyo émotionnel 85

Fonctionnement yoyo : une lutte antidépressive ?........................ 86
Accueillir ses émotions pour se sentir vivant.. 86
La déprime, signe de santé psychique.. 86
Le yoyo émotionnel : un antidépresseur ?... 88
Fonctionnement yoyo : une dépendance, une addiction,
un agrippement.. 91

5. Yoyo narcissique ou la relation à soi de la femme yoyo....... 93
La femme yoyo : un narcissisme fragile... 95
Comment se développe le bon narcissisme ?.................................. 96
L'installation du narcissisme : quand la mère offre la bonne réponse...... 96
L'identification aux parents.. 97
*Négociation entre les parents et l'enfant : va-et-vient entre dépendance
et autonomie*.. 98
Lorsque l'enfant doit s'adapter à son environnement................... 99
Quand la part adaptative de la personnalité écrase la part authentique .. 99
Le moi, la part profonde de la personnalité...................................... 101
Quand le moi véritable ne peut s'exprimer...................................... 102
Qu'est-ce que l'élan créateur ?.. 103
Sentiment de vide et désamour de soi.. 105
Fonctionnement yoyo : une manière de combler le sentiment
de vide... 105
Le yoyo narcissique, qu'est-ce que c'est ?....................................... 107
Difficulté à s'affirmer quand l'élan créateur n'est pas libéré............. 109
La femme yoyo, une usurpation d'identité....................................... 111
La femme yoyo, intelligente mais immature psychiquement............. 113
Même la réussite ne guérit pas d'un narcissisme fragile.................. 115

6. Yoyo relationnel ou la relation à l'autre de la femme yoyo 119
La femme yoyo, entre fuite et fusion... 121
Un bon narcissisme, une garantie pour une relation à l'autre
de bonne qualité.. 121
Narcissisme, monde intérieur, maison psychique............................ 121
Une maison psychique où le Moi aime se retrouver........................ 122
Capacité d'être seul dans sa maison psychique.............................. 122
Apprendre à se séparer pour vivre la solitude en toute sérénité....... 123

Pas de maison psychique solide sans sentiment de sécurité
intérieure.. 124
Narcissisme fragile, le squat psychique.. 125

Fonctionnement yoyo, squat psychique et incapacité d'être seule 126
Squatter l'autre par peur d'être abandonnée 127
Le yoyo relationnel, qu'est-ce que c'est ? 128
Quand le yoyo met des limites, plus de squat psychique 129
Les kilos-carapace pour éviter la relation amoureuse… 130
Etre mère plus que femme 131

7. Une insécurité intérieure en héritage 133
Adolescence, crise et questionnements existentiels 135
Adolescence, installation du yoyo 136
Entrée plus tardive dans le fonctionnement yoyo 136
Grandir, une succession de crises 137
La crise : une opportunité pour rester connecté 138
Le sentiment de sécurité intérieure, fondamental pour affronter la crise .. 138
La vie, une suite de questionnements… 140
La maison psychique, le bon endroit pour trouver les bonnes réponses ... 140
Le fonctionnement yoyo, une stratégie d'évitement 141
La femme yoyo, un personnage de survie 142
Le yoyo : le prolongement d'une stratégie de survie qui remonte à très loin 143
Les parents de la femme yoyo 145
Parents absents psychiquement, trop exigeants, possessifs ou trop aimants : une même insécurité 145
L'enfant missionné : enfant thérapeute, enfant soignant, enfant antidépresseur 146
Manque affectif chez l'un des parents 147
L'enfant conseiller conjugal 147
La femme yoyo et sa mère : une relation un peu particulière 148
Une insécurité intérieure transmise de génération en génération 149
"Dit-gérer" l'histoire familiale 150
Parentalité interne : parents sécurisés, parents sécurisants 151
Mère et père, des fonctions plus que des personnes 151
Parentalité interne : être un bon parent pour soi 153
Parents insécurisants : pas de parentalité interne 155
Quand des bébés font des bébés… 156
Imaginez un bébé face à un autre bébé… 156
La parentalité interne, fondamentale pour exercer la fonction parentale . 157
Eviter la répétition transgénérationnelle 160

La femme yoyo : bébé avide, petite fille modèle, adolescente
rebelle 160
L'adolescente rebelle 161
Conflit interne : bébé avide et petite fille modèle contre adolescente rebelle
.... 162
Quand la culpabilité inconsciente devient consciente 164
Un fonctionnement pour museler les voix de l'enfance 166
Le paradoxe fondamental 167

8. La femme yoyo et le manque 169
Jamais assez d'amour, un puits sans fond 171
Un espace intérieur, pour recevoir et se sentir comblée 172
Etre dans une complétude avec soi 172
S'aimer soi-même pour aimer l'autre 174
Pas d'intériorité sans expérience du vide et du manque 174
Le manque est nécessaire ! 174
Le manque, "souffle de vie" 175
La création du désir grâce au manque 176
Le manque, "plongeoir vers le vide" 177
La femme yoyo : vide abyssal et manque insupportable 178
Un effondrement salutaire 180

9. A la rencontre de soi… 183
Création d'un monde intérieur 185
Conflit entre le Moi et le personnage de survie 185
Avancer dans la vie en adulte 187
Relation thérapeutique : recevoir enfin l'accueil et l'écoute
qui ont tant manqué 188
Un Moi fort, un Moi qui accepte d'être faible 190
Transformer ses peurs et ses tensions intérieures 192
Premier acte de création : s'observer ! 193
La stabilité intérieure mène à la stabilité pondérale 194
Stabilité intérieure et stabilité pondérale sont liées 194
Du passage à l'acte à la mise en action 195
Le journal intime : rendez-vous au jour le jour avec soi 196
Quand la femme yoyo vient nous rendre visite 199
Inscription corporelle de la sécurité intérieure 200

10. Vers de nouvelles expériences, de nouvelles rencontres..203
Allez vers la nouveauté 205

Allez à la rencontre de votre corps et de vos sensations 206
   Le toucher : allez au contact de votre corps 207
   Appropriez-vous votre corps à travers le mouvement 207
   Ecoutez et décrivez vos sensations 208
Allez à la rencontre de vos émotions 211
   Qu'est-ce que la pleine conscience ou "mindfulness" ? 212
   Distinguez les émotions entre elles 214
   Identifiez l'émotion 214
   Apprenez à mieux gérer vos émotions 216
   Sortez des pensées dysfonctionnelles 217
Allez à la rencontre de vous-même 218
   Acceptez-vous avec bienveillance et sans jugement 218
   (Re)trouvez le plaisir d'être soi 219
   S'accepter comme étant imparfaite, faillible… humaine 220
   Pouvoir écouter les voix de l'enfance 221
   Sortir du fonctionnement yoyo grâce au compromis 222
Allez à la rencontre des autres 223
   Trouvez la bonne distance avec l'autre 223
   Négociez avec l'autre 223
   Une bonne communication pour une bonne relation 224

Conclusion. Devenez actrice et créatrice de votre vie **225**

Remerciements 231

Bibliographie 233

PRÉAMBULE

MOI, EX-FEMME YOYO

Mon histoire
Longtemps j'ai enchaîné les pertes et les prises de poids. J'ai créé le concept de femme yoyo car je connais bien la problématique dont je parle, mais aussi parce que je ne me reconnaissais pas vraiment dans ce que je pouvais lire sur le comportement alimentaire des boulimiques et encore moins sur celui des anorexiques.

Je ne mangeais que de la nourriture appétissante, je ne faisais pas de crise de boulimie mais étais sujette à des grignotages et jamais je ne me suis fait vomir. Quant à jeûner ou à me priver de toute nourriture, c'était pour moi tout simplement impossible.

L'idée que l'on a de la boulimie et de l'anorexie est souvent caricaturale. Elle n'aide pas les femmes ou les jeunes filles qui ne se situent pas dans de telles attitudes extrêmes à prendre conscience du dysfonctionnement de leur relation à la nourriture.

Moi, je me voyais simplement comme gourmande et sans aucune volonté. Je ne me doutais pas que je partageais beaucoup de traits communs avec les boulimiques et les anorexiques, notamment un manque d'estime et de confiance en moi qui me poussait à vouloir tout contrôler. Les régimes dans lesquels je me lançais me donnaient parfois l'impression d'être toute-puissante, comme si je ne contrôlais pas seulement mon alimentation, mon poids mais ma vie toute entière voire, par moment, l'univers... Une illusion et un fantasme de toute-puissance que l'on retrouve aussi bien chez la boulimique, l'anorexique que la femme yoyo.

Pendant des décennies, j'ai alterné les périodes de contrôle alimentaire à travers divers régimes, parfois très farfelus, et les périodes de perte de contrôle où je n'avais qu'une idée en tête : manger !

J'étais persuadée que la clé pour sortir de la spirale infernale du yoyo était un régime-miracle. Le dernier qui venait de sortir était sans doute le bon. Du coup, je les essayais tous. Je lisais beaucoup, m'informais sur la diététique, la nutrition, la composition des aliments, le nombre de calories... Je ne savais pas que je me trompais de direction et que toutes ces connaissances ne faisaient qu'entretenir le fonctionnement yoyo et l'état de siège dans lequel je me trouvais, avec l'illusion de tout contrôler.

Au rythme de ces vicissitudes alimentaires et pondérales, mon humeur oscillait elle aussi et passait d'un état de grande excitation à celui de tristesse et de perte d'énergie, avec par moment l'impression d'un sentiment de vide.

Et si les deux problématiques – alimentaire et psychologique – étaient liées ? Je sentais que cette nouvelle piste de réflexion était la bonne. Je voulais comprendre. Je décidais de reprendre mes études et de m'inscrire à l'université où je me lançais dans un cursus de psychologie. J'entrepris aussi une psychothérapie puis une analyse qui me permirent d'effectuer un voyage à travers mon histoire et de remonter à l'origine.

Mon premier yoyo remontait à très loin, à ma naissance en fait. Je suis née avec un petit poids. Ce qui inquiétait ma mère. Les mamans inquiètes ont tendance à alimenter leur bébé au-delà de leurs besoins. Ce qui devait arriver, arriva. Je me transformais en quelques mois en un bébé cadum qui était, c'est vrai, la norme à l'époque. La norme, oui, mais étais-je physiologiquement programmée pour un tel poids ? Je ne le saurai jamais...

Ma préhistoire
Un jour, ma mère me demanda quel était au juste mon travail, pourquoi j'avais opté pour une spécialisation, alors que j'avais déjà un diplôme de psychologue. Je lui parlais alors de l'accompagnement que je proposais aux femmes enceintes et aux jeunes mamans. Des difficultés qu'elles rencontraient, surtout quand elles étaient isolées. «*Ah, un peu comme moi quand tu es née !*». Elle mettait enfin des mots sur ce qu'elle avait traversé à ce moment-là. J'en avais mis avant elle. Car j'avais compris : les bébés comprennent tout.

Tout cela était déjà ressorti lors de mon analyse et a donné du sens au choix que j'ai fait de devenir psychologue spécialisée en périnatalité. Aider les mamans, protéger les bébés.

Nous avons tous une préhistoire. Notre histoire personnelle ne débute pas le jour de notre naissance... Mes parents sont arrivés en France un an avant ma naissance. Laissant derrière eux famille et amis. Ma mère a dû manquer de mère à ce moment-là. Comme sans doute elle en a manqué dans sa petite enfance. L'éloignement géographique, tout comme la grossesse, période où toute femme replonge dans la relation précoce tissée avec sa propre mère, ravivèrent le manque. Le manque de mère.

Ma grand-mère s'est mariée jeune, comme beaucoup de femmes à cette époque-là. Ma mère naquit, les grossesses se succédèrent. Le contrôle des naissances à la fin des années 20, dans un pays où la religion catholique faisait partie du programme politique, était considéré comme un crime. Il fallait faire des enfants. Beaucoup d'enfants.

Jeune maman immature, ma grand-mère a aussi manqué de mère. La sienne était morte en couche, à sa naissance.

Comme nous le verrons plus loin, il faut trois générations pour constituer le lit psychique des troubles alimentaires. Trois générations, le compte y est.

Voilà, c'est mon histoire. Elle est unique, comme toutes les histoires.

Si je livre une part de mon intimité à travers ces quelques lignes, c'est en souvenir de la jeune fille de vingt ans que j'étais qui paniquait et culpabilisait dès qu'elle se mettait à manger. Comprendre que ce n'était pas une question de volonté ou de poids l'aurait sans doute aidée...

Et j'ose espérer que ce livre aidera, peut-être, d'autres femmes yoyo. Car toutes les histoires de femmes yoyo, même si elles sont différentes, comportent des similitudes.

Je veux leur dire aussi que la solution est en elles et qu'elle ne viendra pas d'un régime. Les aider à comprendre ce qui se cache derrière le yoyo pondéral qui n'est que la partie visible d'un fonctionnement plus général. Comprendre également que la clé est l'acceptation.

S'accepter enfin et lâcher le yoyo pour ne plus être une femme yoyo, mais une femme libre...

Bonne lecture !

Nota. Il est conseillé de parcourir ce livre dans l'ordre des chapitres : il s'inscrit dans une progression, chaque partie s'appuyant sur la précédente.

QUI EST LA FEMME YOYO ?

La femme yoyo fait partie de la famille des boulimiques. Un type particulier de boulimie. C'est certes un trouble alimentaire, où les restrictions alternent avec les lâchages alimentaires, mais sans qu'il y ait de crise. Pas de gavage de nourriture, ni d'épisodes violents de vomissements ou de purges. Lorsque la femme yoyo se lâche, voire se venge sur la nourriture, c'est par des grignotages ou lors d'un bon repas. Ce n'est pas forcément une activité solitaire, cachée et honteuse. Le sentiment de honte est présent, mais davantage au niveau de l'image du corps que du comportement alimentaire. La femme yoyo ne vit pas les phases de régime ou de gloutonnerie dans la clandestinité.

Au contraire, elle aime parler de ses régimes, du nouveau qui a l'air sensationnel ou complètement bidon. Et dans le plus beau des paradoxes, elle aime aussi parler de cuisine, échanger des recettes. Ces attitudes paradoxales sont reliées à l'oralité et la femme yoyo a accès aux mots. Ce qui n'est pas toujours le cas dans les troubles alimentaires. Il y a là un vernis qui rend le fonctionnement yoyo encore plus sournois. Il est à distinguer aussi de l'habitude assez répandue qu'adopte un grand nombre de personnes à l'approche de l'été, et qui est de faire un régime afin de perdre les quelques kilos pris pendant l'hiver.

Pour la femme yoyo, le régime occupe une place fondamentale et fait partie intégrante de sa vie. Certaines femmes yoyo sont perpétuellement au régime mais cèdent régulièrement à des craquages alimentaires. D'autres vont suivre un régime strict pendant plusieurs semaines ou mois, et brusquement vont basculer dans le comportement inverse. Une perte de contrôle qui peut s'étaler sur plusieurs semaines ou mois. Un "renversement dans le contraire" propre au fonctionnement yoyo.

La femme yoyo est multiple
   C'est aussi bien une adolescente, une jeune adulte, une femme d'âge moyen voire plus avancé. Tout comme l'âge, le poids et la silhouette sont très variables d'une femme yoyo à l'autre. De plus, chacune d'entre elles alterne entre perte et prise de poids. Le surpoids peut s'installer avec les années et aller jusqu'à l'obésité, mais elle peut très bien naviguer autour d'un IMC (indice de masse corporelle) situé dans la normale ou légèrement au dessus, voire en-dessous. Surpoids et trouble alimentaire ne sont pas toujours associés.
   D'autres au contraire pensent avoir faim. Leur corps leur est tellement étranger qu'elles ne peuvent en décoder les messages. Les quantités sont plus grandes, les repas sont conservés malgré les grignotages, ce qui explique un embonpoint plus important. La génétique est aussi à l'origine chez certaines, d'un surpoids plus conséquent voire d'une obésité. Elles ont un métabolisme plus lent, elles brûlent moins et stockent plus.

Y a-t-il des hommes yoyo ?
   La pression sociale de la minceur est de plus en plus forte et ne touche plus seulement les femmes. De plus en plus d'hommes se soucient de leur poids, de leur tour de taille et de leur image. Ils peuvent aller jusqu'à s'infliger, eux aussi, des régimes draconiens.
   Toutefois le fonctionnement yoyo, tout comme l'anorexie ou la boulimie, concerne majoritairement des

femmes. Les troubles alimentaires avec restriction ne touchent en moyenne qu'un homme sur dix cas. Les hommes atteints de troubles alimentaires souffrent plus fréquemment d'hyperphagie, qui désigne l'ingestion de trop grandes quantités d'aliments sans que le poids soit sous contrôle. Il s'agit donc de sujets en surpoids voire obèses qui sont dans une dépendance à la nourriture.

Alors que dans le fonctionnement yoyo, il y a dépendance à la nourriture mais également au régime, et oscillation entre ces deux extrêmes.

Le yoyo, une obsession occupationnelle ?

Comme la boulimique, la femme yoyo a une attitude obsessionnelle vis-à-vis de la nourriture avec une dimension paradoxale puisqu'elle a une autre obsession, celle de la minceur. Deux obsessions qui se contrarient mutuellement et qui en provoquent une autre : la balance. Symbole de la justice, la balance donne la sentence à chaque pesée. Coupable, non-coupable. Car en cas de prise de poids, le sentiment de culpabilité est ravivé.

Sur ses gardes, la femme yoyo se reprend. Vite, un nouveau régime ! Avec l'illusion de contrôler. Les kilos s'envolent mais la machine s'emballe et une nouvelle fois elle ne contrôle plus rien. Retour à la case départ. Enfin non, car au fil des régimes, il se peut que le seuil soit de plus en plus haut et les kilos à perdre de plus en plus nombreux.

La femme yoyo a une relation au corps perturbée. Elle n'a jamais pu l'accepter. Et avec les kilos qui s'accumulent, il lui inspire du rejet et parfois même de la honte. N'ayant pu se l'approprier, le corps semble étranger. Elle n'entend pas ou ne comprend pas les messages qu'il lui envoie, comme les sensations de faim ou de satiété.

Au sentiment de honte s'ajoute un sentiment d'échec de plus en plus lourd. La femme yoyo le traîne avec le surpoids et sa grande complice dépression qui suit de près.

Et si la dépression avait toujours été là ? Et si les troubles alimentaires n'étaient qu'un leurre, un déplacement comme une obsession occupationnelle afin de ne pas voir la béance narcissique et parfois même le vide identitaire qui donnent le vertige à un Moi immature ? Un Moi qui s'est construit avec peu de place, peu de besoin, qui n'avait pas l'impression d'être entendu et a dû s'adapter voire se suradapter à son environnement. En oubliant ses propres désirs, en s'oubliant tout simplement...

Ces quelques phrases ne résument pas le profil complexe de la femme yoyo. Ce sont plutôt des pistes pour cerner sa problématique. Des petits cailloux semés pour nous servir de guide, que nous allons suivre un à un, au fil des chapitres. Comme un cheminement afin de remonter à l'origine et de comprendre le sens du trouble alimentaire de la femme yoyo.

Car il faut bien avoir en tête que toute personne qui échoue et reprend du poids après avoir fait un régime, ne bascule pas forcément dans un fonctionnement yoyo. Il y a une prédisposition à ce fonctionnement, le régime et son échec ne sont que des facteurs déclenchants.

1.
QUE SE CACHE-T-IL DERRIÈRE LE YOYO ?

UN FONCTIONNEMENT EN TOUT OU RIEN

La femme yoyo est un concept qui décrit un fonctionnement psychique et comportemental particulier qui alterne entre contrôle et perte de contrôle. Ce n'est pas qu'un trouble alimentaire, c'est une manière d'être, de vivre, de se vivre. Ce que la femme yoyo vit sur le plan alimentaire en alternant les phases de régime et de trop plein, elle le vit dans tout ce qu'elle entreprend. Le fonctionnement de la femme yoyo pourrait se résumer en trois mots : tout ou rien. Cette oscillation exprime une instabilité qui n'est pas uniquement pondérale.

LA FEMME YOYO EST-ELLE CONSCIENTE DE SON FONCTIONNEMENT SI PARTICULIER ?

Certaines femmes yoyo ont conscience que leur comportement est absurde : alternance de privations et de trop plein alimentaires. Elles sentent qu'elles sont prisonnières de leurs pensées qui tournent quasi exclusivement autour de leurs obsessions. Que manger ? Combien de calories ingérées ou éliminées ? Est-ce que cet écart va se voir sur la balance ? Quel régime suivre ?

Mais pour la grande majorité des femmes yoyo, les causes et les bénéfices de leur fonctionnement restent une énigme. Elles n'en sont pas conscientes. Le fonctionnement yoyo avance masqué. Il est plus sournois et moins visible que les autres troubles alimentaires et, la plupart du temps, les femmes yoyo ne se doutent pas de ce qui se cache derrière leur yoyo pondéral et leur relation à la nourriture. Elles se perçoivent comme des personnes gourmandes ayant peu de volonté d'où leur problème de surpoids. Pourtant, certaines sont minces, ce qui laisse supposer qu'elles ont une image biaisée et déformée de leur corps. Rondes ou minces, toutes les femmes yoyo se voient grosses, même après une perte de poids significative.

Cependant, il y a un bénéfice à toute cette gymnastique mentale : l'évitement des questionnements existentiels et de la confrontation à la réalité. Le fonctionnement yoyo crée une bulle autour d'elles : tout tourne autour du poids, de la nourriture, du régime. Un tourbillon derrière lequel elles se cachent, mais sans qu'elles en aient vraiment conscience.

Toutes ces obsessions alimentaires et pondérales les épuisent, les angoissent et créent du stress. Une fatigue et une anxiété qu'elles ressentent mais qu'elles attribuent aux soucis du quotidien, ce qui les incite à se centrer davantage encore sur leur yoyo. C'est un cercle vicieux. Plus elles sont aux prises avec leurs préoccupations alimentaires et pondérales, plus elles étouffent, sont fatiguées et angoissées et plus elles se concentrent sur ces obsessions. Pensant échapper à l'anxiété et à la lassitude, elles ne font que les renforcer.

Ce fonctionnement ne s'est pas mis en place par hasard. Il y a des prédispositions à devenir une femme yoyo. Nous allons voir que les causes et les bénéfices qui favorisent le maintien de ce fonctionnement particulier centré sur la nourriture et la minceur sont multiples.

PRÉDISPOSITIONS AU FONCTIONNEMENT YOYO

Perfectionnisme
La femme yoyo est dans une recherche de perfection. Perfectionnisme d'elle-même, de son corps, de tout ce qu'elle entreprend. C'est pour cette raison, entre autres, qu'elle se voit toujours trop grosse. La perfection est pour elle un repère identitaire. Le modèle de minceur, modèle dominant des canons de beauté actuels, est son objectif même si son corps n'est pas physiologiquement programmé pour être mince.

Il n'y a pas que son corps qui est soumis à de telles exigences. Les projets dans lesquels elle se lance convergent tous vers l'excellence. Etudes, carrière, relations amoureuses, amicales...

La femme yoyo place la barre très haut comme sans doute ses parents avant elle. La peur de les décevoir la pousse à se montrer parfaite en toute occasion. Quelles étaient les attentes parentales ? Les parents étaient-ils déjà dans une recherche d'excellence, de résultats, de performance ?

Le perfectionnisme excessif de la femme yoyo remonte peut-être très loin, à la prime enfance. Dans certaines familles, le désir extrême de perfection se transmet de génération en génération comme une sorte de culture familiale. A moins que les parents, confrontés à des carences narcissiques, lui aient mis la pression pour qu'elle redore leur blason et donne une bonne image de la famille.

A travers cette quête de perfection, la femme yoyo tente-t-elle de trouver sa place au sein de la cellule familiale et de manière plus large dans la société ?

Manque de confiance et d'estime de soi
La femme yoyo est d'une grande exigence vis-à-vis d'elle-même. Conséquence de telles attentes : elle ne se sent jamais à la hauteur. Elle se perçoit comme quelqu'un de faible qui n'arrive pas à atteindre ses objectifs. Et quand elle arrive à s'en approcher, elle ne peut les tenir sur la durée. Devant tant de déception, elle se dévalorise et culpabilise, alors qu'elle est tout simplement dans une recherche de buts inatteignables qui la mettent en échec. Qu'essaye-t-elle de rejouer à travers ces défaites à répétition ?

Il est des familles où l'enfant n'est pas valorisé, en raison d'exigences parentales sans doute excessives. Ou tout simplement parce que les parents ne savent pas valoriser leur enfant, n'ayant pas été eux-mêmes complimentés par leurs propres parents.

Pour certaines personnes, la valorisation est associée à de l'orgueil et comporte une connotation négative. Pourtant, un enfant a besoin de sentir qu'il compte pour ses parents, qu'il a une valeur pour eux. Grâce à leurs encouragements, leur patience et leur amour, l'enfant développe un sentiment de confiance et une belle estime de lui-même. Des bases essentielles sur lesquelles va se construire un Moi solide et fort. L'enfant n'a pas peur de se tromper car il sent qu'il ne décevra pas ses parents. Il sait que les erreurs font partie de tout apprentissage, qu'il est encore petit et qu'on ne lui en tiendra pas rigueur. Il a besoin de sentir qu'il est possible de se tromper et les encouragements de ses parents vont l'aider à réussir là où il avait précédemment échoué. Percevoir l'approbation parentale lorsque l'enfant fait preuve de compétences ou d'habilités est fondamental pour progresser. Il se sent alors grandir et devenir petit à petit autonome. L'enfant apprend à s'aimer car il s'estime accepté et reconnu grâce au miroir valorisant que lui tendent ses parents à travers leur regard bienveillant. Il ne cherche pas à correspondre à un modèle, il peut être lui-même.

La femme yoyo n'a pas ou peu entendu ces mots, ces compliments que font les parents pour encourager leur enfant. Elle se souvient des remarques lorsqu'elle n'écoutait pas ou ne réussissait pas dans ce qui lui était demandé, mais les compliments et les encouragements, elle n'en a aucun souvenir. Peut-être parce qu'ils n'ont pas été formulés.

L'image qui lui a été renvoyée d'elle-même a donc des tonalités plus négatives que positives. Même des années après, elle ressent toujours ces blessures du passé. Et les échecs auxquels elle est confrontée avec ses régimes à répétition n'arrangent rien.

La femme yoyo a donc un manque de confiance et d'estime d'elle-même qu'elle essaye de combler grâce à une recherche de perfection. A travers cette quête tente-t-elle de prouver qu'elle est à la hauteur des attentes que l'on a vis-à-vis d'elle ? Cherche-t-elle les compliments qu'elle attend depuis longtemps ? Cette stratégie est-elle la bonne ? Le perfectionnisme excessif de la femme yoyo est tout simplement inaccessible et contre-productif. Rechercher quelque chose sans aucune chance de succès, fragilise et renforce le manque de confiance et d'estime de soi. Mais elle ne le sait pas, alors elle s'acharne à vouloir devenir parfaite.

Hypersensibilité

La femme yoyo n'a pas de souvenir des encouragements parentaux, ni des démonstrations d'affection. C'est pour cette raison que son perfectionnisme est aussi excessif et ne supporte aucune concession. Elle est dans une quête d'amour. Amour d'elle-même, mais avant tout de l'amour de l'autre, dont celui de ses parents.

Il se peut aussi que la femme yoyo ait reçu des témoignages d'affection et même beaucoup d'amour de la part de ses parents mais à la condition qu'elle réponde de manière satisfaisante à leurs attentes. Un amour sous condition qui montre à l'enfant comment être aimé mais non comment aimer, ni comment s'aimer...

L'enfant a, certes, besoin de démonstration d'affection mais également d'acceptation, d'une tendresse témoignée par des câlins et des paroles, non seulement pour se sentir aimé mais aussi pour s'accepter tel qu'il est. Apprendre à s'aimer et à gérer son ressenti et ses émotions.

D'ailleurs la femme yoyo a du mal à exprimer ce qu'elle ressent, ses émotions mais également ses sentiments. Elle vit tout de manière intense. Le stress est omniprésent. Les émotions qu'elle n'a pas appris à gérer la submergent rapidement.

Il est des familles où le contrôle des émotions est valorisé tandis que leur expression est interprétée comme un signe de faiblesse. Enfant, dès qu'elle se mettait à pleurer, peut-être entendait-elle ses parents lui dire : « *Mais une grande fille ne pleure pas* ». « *Je ne suis pas grande, je suis petite* », aurait-elle aimé répondre, mais elle n'osait pas. Elle n'a exprimé aucune colère, aucune opposition. Tout est resté en elle. Des émotions et des sentiments qu'elle n'a pu verbaliser.

Ce qui explique qu'elle se sente vite bouleversée dès qu'elle est confrontée à une situation qui la dépasse un peu. Le trop plein émotionnel est vite atteint en raison d'un manque d'élaboration et de verbalisation des émotions.

Comme tout doit rester contenu et sous contrôle, la femme yoyo mange pour contenir son ressenti et faire baisser le niveau émotionnel. Elle "mange ses émotions". Elle ne sait pas les gérer autrement. Elle n'a pas appris à exprimer ses sentiments et tout ce qu'elle ressent.

Difficulté à mettre des limites
La femme yoyo est hypersensible et vite submergée par ses émotions et ses sentiments, car les ressentis des autres deviennent vite les siens. Elle a un déficit d'affirmation de soi ce qui explique, en partie, qu'elle n'arrive pas à mettre de limites aux autres.

En grandissant l'enfant apprend peu à peu à s'affirmer. Petit, vers deux ans, il commence à s'opposer frontalement aux parents : c'est la phase du « *Non* ». Puis peu à peu, il apprend à négocier, à formuler une demande sans se mettre en colère. Il sent que ses parents prennent en compte son avis. Parfois ils lui font comprendre que ce qu'il demande n'est pas possible. Le compromis est alors envisageable.

La femme yoyo n'a pas appris l'art de la négociation et du compromis. Peut-être a-t-elle été confrontée à une grande exigence parentale durant l'enfance, et ne se sentant pas à la hauteur de telles attentes, elle n'a pas osé s'opposer à ses parents, leur dire non par peur de les décevoir. Elle était une enfant sage, obéissante. Ne pas faire de vagues...

Face à des parents autoritaires et/ou peu démonstratifs et distants, l'enfant va présenter un déficit d'affirmation de soi et va se soumettre d'emblée à l'autorité parentale. Cette position de soumission risque d'être maintenue dans le temps, ce qui donne des adultes trop souples ou indécis, n'osant formuler leurs désirs à l'autre. Ils vont, en revanche, entendre les demandes et les désirs de l'autre et chercher à les satisfaire, comme ils le faisaient avec leurs parents.

La femme yoyo, dans sa quête éperdue d'amour, cherche à se montrer aimable en toute circonstance jusqu'à accepter ce qu'elle aurait préféré refuser. Elle ne sait pas dire non, ni mettre de limites. Aussi bien aux autres qu'à elle-même.

Sans limite, elle est dans l'excès dans tout ce qu'elle entreprend y compris au niveau alimentaire : soit c'est le régime strict, soit le lâchage, pas de demi-mesure, pas de compromis possible. Elle est dans le tout ou rien.

Impatience, manque de persévérance
La femme yoyo est impatiente, elle ne sait pas attendre. L'attente la renvoie au vide et l'angoisse. D'ailleurs, notre société moderne cultive et entretient ce désir d'immédiateté. La satisfaction, l'apaisement et le plaisir doivent être instantanés. Attendre devient inconcevable à une époque où tout va vite, très vite, trop vite. L'attente n'est plus supportable. Pas le temps. On zappe, on passe à autre chose. L'individu se situe de plus en plus dans une recherche de satisfaction immédiate qui vient combler la frustration de l'attente. Cette culture de l'immédiateté, certains parents la transmettent à leur enfant.

La femme yoyo a pu avoir des parents autoritaires et/ou peu démonstratifs, mais à l'inverse, ses parents ont pu se montrer très conciliants, laxistes, trop "cool", permissifs et ne lui ont pas mis de limites. Peut-être étaient-ils peu présents, préoccupés par leur carrière professionnelle, ou fragiles, trop fatigués pour opposer une quelconque résistance ?

Pour intégrer les limites, l'enfant doit pouvoir s'opposer à ses parents. En face, ceux-ci doivent pouvoir résister, avec bienveillance bien évidemment. Grâce à cette bienveillante résistance parentale, l'enfant apprend peu à peu à supporter l'attente, les frustrations et les émotions qui y sont associées.

La femme yoyo n'a pas appris à attendre. Elle pense manquer de volonté alors qu'elle manque de persévérance. Elle peut s'investir dans un projet avec beaucoup d'énergie puis, pour une raison quelconque, l'abandonner et en trouver un autre dans lequel elle se lancera avec la même conviction. La persévérance lui fait défaut. Elle est impatiente et veut tout, tout de suite.

"Tout ou rien" et "tout, tout de suite" pourraient être ses leitmotivs. Ne sachant pas écouter et analyser ses émotions, la femme yoyo subit l'attente avec un sentiment de vide qui provoque en elle un vertige émotionnel et une grande angoisse. Un vide qu'elle cherche à combler au plus vite. Alors elle se remplit, elle mange. Tout comme elle remplit le temps avec des projets de toutes sortes, ne laissant aucune place pour le vide et l'attente. La femme yoyo ne manque pas de volonté car il en faut beaucoup pour mobiliser l'énergie nécessaire à entamer tous les régimes dans lesquels elle se lance. Mais le contrôle alimentaire qu'exige un régime ne peut être maintenu sur la durée. Elle ne le sait pas, elle se voit faible et sans aucune volonté.

Relation au corps perturbée
La femme yoyo a l'impression que sa vie lui échappe. Elle tente d'avoir prise sur elle en s'attaquant à son corps. Il faut bien commencer par quelque chose... D'ailleurs c'est bien d'une chose dont il s'agit quand elle pense à son corps. Ce n'est plus une question de poids ou d'image mais de sensations. De vie. Se sentir vivante à travers lui. Et là c'est plutôt le néant, le rien.
Elle perçoit son corps comme quelque chose d'inerte, comme si elle n'était pas reliée à lui. Il lui semble étranger. Il envoie peut-être des messages mais elle ne les captent pas, ne les comprend pas. Elle n'entend ni la faim, ni la satiété. Lors des périodes de régime, elle essaye de renouer avec son corps par le biais du sport. Mais là aussi, la cadence est rapide, trop rapide pour un corps resté longtemps en sommeil. Elle le sent enfin mais par le biais de la souffrance et de la douleur dues au rythme soutenu qu'elle lui inflige. Le tout ou rien, toujours et encore. La blessure, la foulure ou le muscle froissé (quand ce n'est pire) ne sont jamais très loin. Arrêt obligatoire, le corps n'en peut plus.
La femme yoyo n'envisage son corps que dans le paraître, le contrôle du poids et de l'image. Une image floue et des limites imprécises car même mince elle se voit grosse. Elle n'accepte pas son corps. Il est même l'accusé, le responsable de cette image négative et de ce désamour de soi. Un corps sous contrôle, un corps mal-aimé...

FONCTIONNEMENT YOYO : UN MANQUE D'AUTONOMIE ?

Le fonctionnement yoyo n'est pas seulement basé sur un trouble alimentaire. C'est également une manière d'être, de vivre ou plutôt de survivre. La femme ou la jeune fille sujette à ce type de fonctionnement présente dès le départ des prédispositions : une image négative de soi ; un corps vécu comme étranger voire comme adversaire dans la lutte contre les kilos ; un manque d'assurance et de confiance en soi ; une incapacité à gérer ses émotions et à exprimer ses sentiments ; des difficultés à trouver sa place ; un sentiment de vide ; et surtout l'impression de ne pas se sentir actrice de sa vie.

Cela laisse supposer que la femme yoyo n'a pu franchir de manière satisfaisante et structurante les étapes qui mènent à l'autonomie et à la maturité psychiques. Nous allons voir ce qui, chez elle, n'a pas pu se mettre en place.

La relation aux parents : fondamentale pour devenir autonome

A la naissance, le bébé est un être inachevé et totalement dépendant de la relation à son environnement. Il est dans une fusion totale avec le monde qui l'entoure. Au-delà de ses besoins physiologiques, il manifeste celui d'être entouré et câliné. Il est avide d'échanges et de tendresse. Et par dessus tout, il ressent une avidité pour la seule personne qu'il connaisse vraiment : sa maman. Même s'il est dans une relation de dépendance absolue, c'est déjà un grand communicant. Et c'est à partir des interactions avec son entourage, et de façon privilégiée avec ses parents, que le bébé va prendre conscience de son existence.

Au fil des expériences, il commence progressivement à se différencier. Il va passer de la relation fusionnelle à la mère à la relation triangulaire avec ses deux parents. Il commence à différencier les individus entre eux, tout comme il arrive petit à petit à se considérer lui-même comme un être différent et unique, séparé de ce qui l'entoure. Au fur et à mesure que l'enfant grandit et que son cercle s'élargit – parents, fratrie, reste de la famille, amis, crèche et école – un mécanisme que l'on appelle processus de séparation-individuation est à l'œuvre. A chaque fois qu'il tisse de nouveaux liens, c'est comme si l'enfant se séparait un peu plus de ses parents pour entrer en contact direct avec le monde et les autres. Il gagne en autonomie. Il s'agit là d'un processus psychique qui est fondamental pour se considérer comme un individu à part entière, et trouver sa place face aux autres.

L'un des rôles des parents est justement d'accompagner leur enfant dans cette ouverture au reste du monde, en l'encourageant sur ses capacités et en valorisant ses progrès. L'enfant gagne en indépendance : d'une dépendance absolue il est passé à une dépendance relative. Grâce à cette marge de liberté qui augmente, il développe sa confiance en lui.

L'adolescence : une crise nécessaire
L'adolescence marque un grand tournant. Si l'enfant a pu acquérir de plus en plus d'autonomie et d'indépendance, l'adolescence sera abordée sans que la crise soit violente ou le mette en danger.

En revanche, la crise est nécessaire. Pourquoi ? Parce que pour poursuivre sa construction identitaire l'adolescent a besoin de s'affirmer, de montrer sa différence et parfois même de s'opposer à l'autorité. On ne se construit pas dans la soumission, mais dans la confrontation et l'affirmation de soi. Il teste les limites aussi, ce qui lui permet de mieux les intégrer.

Pour que la crise soit structurante, l'adolescent doit sentir qu'il est respecté dans sa différence, qu'il peut exprimer son avis et formuler une pensée qui lui est propre. Grâce aux échanges et aux interactions avec ses parents, il a appris à argumenter et à faire des compromis, il a intégré ainsi l'art de la négociation. Il sent qu'il peut s'exprimer librement et s'habitue, en contrepartie, à prendre en considération l'avis de l'autre.

Dans un respect mutuel, il apprend à mettre des limites à l'autre. Il sait comment prendre sa place sans force, ni agressivité. La présence de l'autre ne le gêne pas, ni le regard que l'on peut poser sur lui. Il est en passe de devenir un adulte en harmonie avec lui-même et avec les autres.

C'est grâce au processus de séparation-individuation que l'enfant puis l'adolescent arrive à franchir toutes les étapes qui mènent à l'autonomie, à la maturité et à la position de sujet, acteur de sa vie. Toutefois, pour traverser toutes les épreuves du développement qui mènent au statut de sujet à part entière, il faut avoir suffisamment confiance en soi et ressentir un sentiment de sécurité intérieure.

Pas d'autonomie sans sentiment de sécurité intérieure
L'être humain est par essence un être social : il se construit et évolue grâce et à travers la relation à l'autre. Au départ, à partir de la relation aux parents, puis à mesure que l'enfant grandit et se sépare peu à peu d'eux, il tisse d'autres liens. Cependant pour lâcher ses parents, l'enfant doit avoir confiance en eux, en son environnement et surtout en lui-même. Il développe un sentiment de sécu-

rité intérieure car il se sent sécurisé par l'amour et la tendresse que lui témoignent ses parents. Grâce à leurs encouragements, il se sent capable et compétent.

Dans une ambiance sécurisante l'enfant est en capacité d'exprimer ses sentiments, ses peurs mais aussi ses frustrations et parfois même sa colère, sans crainte d'être moqué ou rabroué. Il apprend ainsi à accueillir ses émotions. C'est à partir des marques d'affection, de tendresse, d'encouragement et de valorisation de la part des parents que se développe chez l'enfant le sentiment de sécurité intérieure, mais aussi grâce aux émotions qu'il ressent et qui le font se sentir vivant, se sentir exister. Il ressent un sentiment d'appartenance, celui de s'appartenir lui-même, à travers l'appartenance du corps, mais aussi celui d'appartenir à sa famille.

Sécurisé, il trouve facilement sa place et n'a pas peur des autres, ni de se tromper ni d'échouer. Il n'est pas dans une quête absolue d'amour et de reconnaissance puisqu'il reçoit de la part de ses parents un amour inconditionnel. Il sait que quoi qu'il fasse, ils continueront à l'aimer.

Conjointement au sentiment de sécurité intérieure, l'enfant développe une estime de soi et un bon narcissisme. Un amour de soi salutaire, signe de bonne santé psychique. Le sentiment de sécurité intérieure se nourrit donc de l'attachement et de l'amour que l'enfant ressent pour ses parents mais surtout qu'il reçoit d'eux.

En revanche, lorsque les parents n'attachent pas beaucoup d'intérêt à ce que fait l'enfant ou n'expriment pas leur affection, il se crée une rupture d'attachement, et donc une carence affective qui entraîne un sentiment d'insécurité intérieure.

La femme yoyo : insuffisamment sécurisée

Le manque de liens suffisamment sécurisants a joué un rôle fondamental dans la mise en place du fonctionnement de la femme yoyo. Le sentiment d'insécurité intérieure, la mésestime et le désamour de soi représentent les pièces maîtresses du fonctionnement yoyo et, pourraient être symbolisés par l'axe autour duquel s'enroule la ficelle du yoyo. Ces ressentis sont à l'origine du mal-être de la femme yoyo et c'est autour d'eux que s'organisent ses préoccupations alimentaires et pondérales. Penser à la nourriture et à la minceur, se soucier de son poids sont finalement des leurres, une création d'agitations mentales pour ne pas remonter au fondement des peurs originelles.

La femme yoyo a un narcissisme vacillant qui repose sur des bases fragiles et instables. Insuffisamment sécurisée, elle n'a pu franchir les étapes qui mènent à la maturité, à l'autonomie et au statut de sujet à part entière. C'est pour cette raison qu'elle est angoissée et ressent un sentiment de vide. Elle ne se sent pas actrice de sa vie. Elle n'éprouve pas le sentiment d'exister vraiment, elle a plutôt l'impression de subir ce qui lui arrive. De subir sa vie.

La relation aux parents : plusieurs scenarii possibles

Si toutes les femmes yoyo se sont senties insuffisamment sécurisées, elles n'ont pas toutes connu la même dynamique familiale, ni le même mode de relation avec leurs parents.

La femme yoyo a pu avoir des parents peu démonstratifs, distants, peu disponibles voire absents. Il y a sans doute eu de l'amour, et même beaucoup d'amour, mais il n'était pas exprimé ou de manière maladroite. Cette carence affective l'a fait douter de l'amour parental.

Elle s'est peut-être sentie incomprise en raison du peu de temps que ses parents lui consacraient, ou du manque d'écoute ou d'intérêt qu'ils témoignaient parfois. Elle ne se voyait pas dans le regard des parents comme s'ils ne la regardaient pas vraiment, comme s'ils étaient ailleurs, préoccupés par leurs propres affaires.

A l'inverse, il se peut que les parents aient manifesté beaucoup d'intérêt et d'attention. Cette attention n'avait pas pour but de la connaitre, de la comprendre afin qu'elle puisse libérer sa véritable personnalité, mais d'imposer leurs choix et faire preuve d'autorité. Elle s'est sentie étouffée, formatée, infantilisée en raison d'une éducation répressive qui l'a mise dans une position de soumission.

Ces deux configurations pourtant différentes vont avoir la même conséquence : l'enfant ne se sent pas accueilli ni accepté pour ce qu'il est. Sans sentiment d'acceptation parentale, l'enfant se sent pas reconnu et peut même aller jusqu'à se persuader qu'il est décevant pour ses parents. Comment alors s'opposer, revendiquer sa différence, ses choix, laisser s'exprimer sa véritable identité ? La confrontation est impossible tout comme le développement d'un sentiment de sécurité intérieure. Comment grandir, s'émanciper lorsque l'on se sent incomprise ou infantilisée et écrasée sous les injonctions parentales ?

Il est possible aussi que la femme yoyo ait eu des parents trop conciliants ou fragilisés qui s'en remettaient à elle pour toutes choses ou décisions importantes. Elle a pu ainsi être "adultifiée", parentalisée. Les rôles ont été inversés. Elle ne s'est pas sentie écrasée par leur autorité mais par leur fragilité. Elle les voyait tellement démunis, fragiles qu'elle s'est montrée attentive, prévenante pour les ménager et les soutenir. Comment l'enfant peut-il se sentir sécurisé lorsque ses parents sont débordés, déprimés ou psychologiquement ébranlés par un drame familial et/ou une situation douloureuse dont les causes peuvent être diverses ? Quelle que soit la raison, ils sont déstabilisés, eux-mêmes insécurisés et dans l'incapacité de rassurer leur enfant. Ils sont psychiquement démunis et ce sont eux qui ont besoin de se sentir soutenus, encouragés, protégés.

La femme yoyo, là aussi, a fait preuve d'hyperadaptation. Ses besoins n'ont pas été pris en compte. C'est elle plutôt qui était à l'écoute de ses parents et tentait de satisfaire leurs demandes.

Autre scénario : la femme yoyo a pu être victime, enfant, de chantage affectif. Un amour sous condition. Les témoignages d'affection étaient là, mais c'était un amour au mérite. Un moule dans lequel il fallait se fondre et un modèle auquel correspondre, pour mériter la tendresse et l'affection de la part des parents. L'amour parental se mérite-t-il ? Il se donne, s'offre, c'est un amour inconditionnel. Mais la femme yoyo ne le sait pas. Alors elle cherche continuellement à le mériter en devenant parfaite.

Il s'agit là de quelques illustrations de dynamiques familiales auxquelles la femme yoyo a pu être confrontée. Mais quel que soit le contexte, le dénominateur commun est la difficulté pour les parents à prendre en considération les besoins de l'enfant qui ne sent pas accueilli ni reconnu. Une relation et un attachement qui apparaissent comme précaires à l'enfant car il ne se sent pas sécurisé et cela l'empêche de s'exprimer vraiment.

D'ailleurs, la plupart des femmes yoyo ont été des enfants sages, de vraies petites filles modèles en quête de reconnaissance parentale. Jamais d'opposition ! Mais sans confrontation, l'enfant ne peut se construire et devenir autonome. Il fait l'objet de carences narcissiques et de déficit d'affirmation de soi. Des manques à l'origine des prédispositions au fonctionnement yoyo...

La femme yoyo : agrippée, incapable de se séparer
Quelle qu'ait pu être l'attitude parentale, la femme yoyo n'a pas vécu de véritable enfance faite de merveilleuse insouciance et de légèreté. Insuffisamment sécurisée, elle n'a pu aller librement à la rencontre des autres, ni à la rencontre d'elle-même et construire les bases d'un bon narcissisme. Elle était tournée essentiellement vers ses parents, soit pour qu'ils la voient enfin, soit pour satisfaire leurs exigences ou bien encore pour les assister.

Chez toute femme yoyo, le processus de séparation a été empêché ou ne s'est pas déroulé de manière structurante. Car l'enfant doit se sentir solidement attaché affectivement, pour pouvoir se séparer psychiquement de ses parents. Il est alors convaincu de la sécurité du lien et de l'attachement que ses parents manifestent à son égard. Il sent qu'il peut s'éloigner en toute sécurité, se séparer d'eux sans mettre en péril leur relation. Il sait que même à distance ils continuent de veiller sur lui, il se sent sécurisé.

L'enfant insuffisamment sécurisé va s'agripper à ses parents au lieu de s'en séparer progressivement. L'insécurité affective provoque une angoisse d'abandon et c'est alors le réflexe d'agrippement qui est déclenché. Car l'enfant insécurisé sent que le lien est précaire et éprouve une peur fondamentale, celle d'être abandonné. Plus l'attachement et le lien sont précaires et plus l'enfant va s'agripper. Il est dans l'incapacité de se séparer de ses parents. Impossible alors de devenir autonome et indépendant.

Ainsi le réflexe d'agrippement empêche non seulement le développement du processus de séparation-individuation mais conduit également à une pathologie de la dépendance. Elle se traduit par une dépendance excessive et, en même temps, un refus de cette dépendance.

FONCTIONNEMENT YOYO, UNE PATHOLOGIE DE LA DÉPENDANCE

Le manque de sécurité affective dans l'enfance va mener à une quête incessante de la relation sécurisante qui a fait défaut. Ainsi, toute personne ou tout objet qui pourra assurer une fonction de réconfort va créer une dépendance chez le sujet carencé.

Mais ces mêmes relations insuffisamment sécurisantes de l'enfance vont également conduire à la position antagoniste de refus de dépendance.

Le fonctionnement de la femme yoyo tourne autour de ce paradoxe, la recherche du lien idéal qui a manqué et la volonté de se protéger de tout lien. Les oscillations de son yoyo reflètent le dilemme permanent dans lequel elle se trouve, entre dépendance et refus de dépendance, entre fusion et fuite.

La pathologie de la dépendance est l'expression de deux angoisses : angoisse d'abandon et angoisse d'emprise et d'intrusion.

En chaque femme yoyo, il y a cette petite fille qui tente d'exister aux yeux de ses parents en désirant se rapprocher le plus possible d'eux, jusqu'à la fusion pour ressentir enfin le réconfort et la réassurance qui lui ont tant manqués. Ce désir de rapprochement est motivé par l'angoisse d'abandon. Mais il y a aussi l'adolescente, en recherche d'indépendance et d'affirmation de soi, qui n'a pas pu exprimer sa véritable identité, son Moi intime et profond, ni se libérer de la pression parentale (qu'il s'agisse d'autorité, d'exigence ou de soutien). Ce désir de distanciation voire de fuite répond, quant à lui, à l'angoisse d'emprise et d'intrusion.

En toute femme yoyo, il y a ces deux personnages. La plupart ne sont pas conscientes de cette dualité en elles, ni des émotions qu'elle provoque.

Quelle que soit la part d'elle qui s'exprime, la petite fille ou l'adolescente, la femme yoyo éprouve de la rancune vis-à-vis de ses parents, en grande majorité inconsciente. Elle a le sentiment de n'avoir pas suffisamment reçu d'eux, qu'il s'agisse d'affection, de réconfort, d'encouragement, et surtout d'acceptation. Cette blessure de manque est une prédisposition au fonctionnement yoyo.

Le ressentiment qu'elle éprouve à l'égard de ses parents est aussi le fruit d'une colère qu'elle a gardé pour elle. Elle leur en veut de n'avoir pas perçu, compris la détresse dans laquelle elle se trouvait et se trouve toujours, de n'avoir pas su consoler la petite fille, ni rassurer l'adolescente. Elle cherche avant tout à s'affirmer et à se libérer enfin de l'emprise parentale. Mais la colère ne libère pas, elle entretient la relation sur un mode passionnel. Elle est juste un autre moyen de conserver un lien de dépendance. Ces blessures du passé empêchent l'émancipation et l'autonomie psychique et maintiennent la femme yoyo dans une position de dépendance à l'autre.

Tout est si confus en elle : amour débordant pour ses parents, mais aussi colère et ressentiment. Tellement confus que tout reste en elle sans qu'elle puisse l'exprimer.

Il se peut aussi que certaines femmes yoyo aient reçu beaucoup d'affection mais d'un des parents uniquement, pas de l'autre. Pas d'apaisement là non plus, puisqu'elles ressentent de la colère pour le parent dont elles n'ont obtenu ni tendresse, ni reconnaissance. Comme si elles n'avaient pas grand intérêt à ses yeux. Cette configuration les maintient également dans une dépendance affective, aussi bien vis-à-vis du parent qui s'est montré aimant que de celui qui s'est révélé négligeant.

Ces sentiments ambivalents, en grande partie inconscients et ignorés par la plupart des femmes yoyo, certaines les ont recouvert d'indifférence...

Dépendance affective, dépendance à la nourriture
La relation à l'autre va être marquée de l'empreinte de la relation aux parents, et donc de la dépendance. La femme yoyo se trouve dans une dépendance affective car elle est dans une quête éperdue d'amour, de tendresse et de réassurance. Obtenir enfin ce qu'elle n'a pas reçu de ses parents. Mais l'autre peut-il répondre à cette demande ? Puisque dès qu'il s'approche de trop près, il est perçu comme dangereux en raison de la dépendance qu'il peut créer.

Toute personne qui a manqué de sécurité affective peut redouter de se lier à l'autre, éprouver l'envie de fuir toute forme d'attachement par peur d'être déçue. Etre liée à l'autre, c'est lui donner un pouvoir : celui de faire souffrir. C'est aussi prendre le risque d'être abandonnée.

La femme yoyo est dans une recherche paradoxale vis-à-vis de l'autre, une oscillation entre fuite et fusion. D'ailleurs, elle n'a probablement pas conscience d'être dans une dépendance affective puisque c'est justement ce qu'elle cherche à éviter.

En revanche, la dépendance dont elle est consciente, c'est la dépendance à la nourriture. Comme tout sujet carencé au niveau affectif, la femme yoyo est à la recherche de tout objet, comportement ou produit qui va exercer une fonction de réconfort et de consolation. La femme yoyo l'a trouvé, c'est la nourriture.

FONCTIONNEMENT YOYO : UNE MANIÈRE DE PRENDRE LE CONTRÔLE

Cet aménagement de la femme yoyo autour de la dépendance s'est fait à son insu. C'est son inconscient qui s'exprime en partie à travers le fonctionnement yoyo, d'où le sentiment de ne pas avoir de prise sur sa vie. Cette impression de subir les événements qui la pousse vers une recherche de maîtrise et de contrôle, va s'exprimer à travers une autre dépendance : la dépendance au régime.

En voulant reprendre les rênes de sa vie et se libérer de toute emprise, elle a créé une autre dépendance. Le fonctionnement yoyo alterne entre la dépendance à la nourriture et la stratégie pour lutter contre celle-ci, la dépendance au régime. Une oscillation entre des dépendances antagonistes qui luttent l'une contre l'autre.

Le fonctionnement yoyo agit à différents niveaux, ce qui explique la mise en place de multiples yoyos. Nous allons les aborder à tour de rôle dans les chapitres suivants.

Nota. Ce livre n'est pas à charge et je ne fais bien évidemment pas le procès des parents. Ils font ce qu'ils peuvent avec les moyens émotionnels, affectifs et psychiques dont ils disposent. Il est très difficile de donner ce que l'on n'a pas reçu...

Il ne s'agit aucunement de mettre en accusation mais de comprendre l'origine du développement du fonctionnement yoyo. D'ailleurs, comme nous le verrons au fil des chapitres, les parents sont eux-mêmes victimes du jeu et des entremêlements de transmissions inconscientes. Ils sont pris dans les filets psychiques d'interdits, d'angoisses, de peurs qui les empêchent de sécuriser suffisamment leur enfant.

Il s'agit souvent d'une transmission de génération en génération qui ne stoppera qu'à la condition que l'on prenne conscience de l'effet toxique de cet héritage que l'on transmet bien malgré soi.

Et c'est tout l'objectif de ce livre : comprendre pour se libérer et rompre avec la répétition transgénérationnelle.

2.
YOYO ALIMENTAIRE : MANGER OU NE PAS MANGER

NOURRITURE ET LIEN MATERNEL

Tout individu peut éprouver à un moment ou un autre le besoin de se réconforter, de se rassurer. La nourriture est associée au lien primaire et conserve à tout jamais l'empreinte de la relation à la mère. Et l'on peut trouver dans la nourriture le réconfort de la consolation maternelle. Cette attitude répandue et assez banale fait partie d'un rapport que l'on pourrait qualifier de normal à la nourriture et qui ne porte pas à conséquence s'il reste dans des proportions raisonnables. Tout est toujours une question d'équilibre.

LA FEMME YOYO, SA RELATION À LA MÈRE ET À LA NOURRITURE

Pour la femme yoyo aussi la nourriture est associée au lien primaire, à la relation à la mère. Mais comme cette relation n'était pas paisible, le rapport à la nourriture garde la même empreinte. Le même paradoxe aussi : dépendance et refus de dépendance. Manger et ne pas manger. D'ailleurs qu'elle était l'attitude de la mère vis-à-vis de la nourriture ? Là aussi, il a pu y avoir diverses configurations.

La mère gavante
    Chaque bébé a un tempérament différent et certains sont plus tendus que d'autres. D'autant plus lorsque la réponse maternelle n'est pas adaptée à la demande qu'ils manifestent. Toute maman a des difficultés au départ à identifier les besoins de son bébé. A-t-il faim ? Chaud ? Froid ? Sommeil ? Puis, grâce à sa faculté d'adaptation, d'ajustement et d'écoute sensible, elle arrive à distinguer un besoin d'un autre. Pour certaines mamans qui ont du mal à définir leurs propres ressentis, la difficulté sera plus grande à identifier ceux de leur bébé. Elles vont alors se référer au rôle premier de la mère, celui de mère nourricière. Elles vont proposer le sein ou le biberon dès que leur bébé se mettra à pleurer. D'ailleurs, un bébé qui mange ne pleure pas.
    Cette mauvaise interprétation va induire la même incapacité chez le bébé qui n'apprend pas à reconnaitre ses sensations. A la longue, il va s'adapter aux réponses maternelles. Alors qu'il aurait fallu le contraire : que la mère s'adapte aux besoins de son enfant. Mais certaines mamans sont en difficulté dans leur nouveau rôle de mère. Peut-être se sentent-elles écrasées par leurs nouvelles responsabilités ? A moins qu'elles ne soient confrontées à une situation complexe : crise de couple, drame familial, isolement, précarité affective, sociale ou relationnelle. Elles sont tellement préoccupées qu'elles sont dans l'incapacité de se mettre dans une position d'écoute sensible, de comprendre et de traduire la demande de leur bébé.
    Alors c'est lui qui va s'adapter à ce qu'on va lui proposer. Il devient plus soumis, moins partenaire dans l'interaction. Le bébé ne se sent pas contenu, rassuré, écouté. Il subit la mauvaise interprétation de sa mère.

La femme yoyo a pu apprendre très tôt à manger même sans faim...

La mère restrictive

Certaines mères entretiennent une relation difficile avec leur propre corps. Elles n'habitent pas leur corps, elles le contrôlent. Parmi ces mères, il peut y avoir des femmes yoyo. La difficulté qu'elles ont à être à l'aise dans leur corps et dans la gestion de leurs émotions peut compliquer le lien qu'elles vont tisser avec leur bébé. Un corps à corps fait, peut-être, de tensions, mais qui n'exclut pas les moments tendres. Toutefois, le bébé percevra les crispations maternelles, aussi bien corporelles que psychiques et émotionnelles.

Au niveau alimentaire, les mères restrictives font la guerre aux kilos et, afin d'éviter à leur enfant ce type de tracas, elles vont se mettre à contrôler son alimentation pour prévenir tout surpoids. Le contrôle alimentaire peut s'installer très tôt. Le bébé, l'enfant puis l'adolescent, sera d'autant plus glouton qu'il sera affamé et insuffisamment nourri. Cette gloutonnerie va effrayer la maman qui deviendra de plus en plus restrictive. Elle voulait protéger son enfant, mais en projetant sur lui ses propres angoisses, elle crée une problématique identique chez lui. Il est pris dans les filets des angoisses maternelles. Il y a une hérédité des gênes, tout comme il y a des comportements et des ressentis transmis en héritage. Le fonctionnement yoyo peut ainsi être transmis d'une génération à l'autre.

Mère gavante ou restrictive : il s'agit avant tout d'affect

Certaines femmes yoyo ont pu avoir une mère gavante ou, au contraire, restrictive. Ces mères ne respectaient pas les sensations de faim ou de satiété de leur enfant. Peut-être n'arrivaient-elles pas à les distinguer. Mais au-delà de ce vécu de gavage ou de privation, toutes les femmes yoyo ont une attitude obsessionnelle vis-à-vis de la nourriture même si leur mère n'accordait pas spécialement d'importance aux repas, ni aux quantités ou à l'équilibre nutritionnel. Cette obsession pour la nourriture est une autre manière d'exprimer la relation de dépendance à la mère.

Pour la femme yoyo comme pour la majorité des individus, la relation à la nourriture comporte une valeur affective liée au lien primaire. Mais pour elle, comme cette relation a pris la forme d'un agrippement, d'une relation de dépendance, la relation à la nourriture va conserver cette empreinte. A travers cette obsession, elle reste agrippée, la nourriture a remplacé la mère.

Si pour la majorité des individus, la nourriture a des vertus consolatrices, pour la femme yoyo les choses ne sont aussi simples...

LA NOURRITURE, DES VERTUS CONSOLATRICES MAIS PAS QUE...

La femme yoyo entretient une relation complexe et difficile avec la nourriture. Comme avec sa mère, il s'agit d'une recherche de fusion mais aussi de fuite. La femme yoyo a détourné la nourriture de son objectif premier qui est d'alimenter le corps et de satisfaire les besoins nutritionnels.

La nourriture liée au lien primaire va agir comme un substitut maternel et exercer une fonction de réconfort. Mais pour la femme yoyo, comme le lien primaire et la relation aux parents n'étaient pas suffisamment contenants, rassurants, enveloppants, cela a entraîné un sentiment de méfiance et d'insécurité. Une insécurité qui est aussi véhiculée par la nourriture qu'il faut tenir à distance. Elle fait grossir quand elle est prise en excès et que l'on ne respecte pas les sensations de satiété. Et comme la femme yoyo est dans une recherche de minceur, la nourriture tout à la fois apaise et fait peur. Une nourriture attirante et inquiétante à la fois.

LE RÉGIME, LA MISE À DISTANCE DE LA NOURRITURE

Le régime ne signifie pas seulement perte de poids pour la femme yoyo, c'est aussi une remise à zéro et un nouveau départ. A chaque fois qu'elle commence un régime ou qu'elle se ressaisit après un craquage alimentaire, elle a l'impression de reprendre les commandes. Comme si elle remettait de l'ordre dans le grand bazar de sa vie. Le régime lui donne le cadre qui lui fait défaut. Elle n'a pas intériorisé la perception de limites au moment où cela aurait dû se faire. Les limites qui protègent, rassurent et écartent le danger et la peur. D'ailleurs à chaque fois que la femme yoyo reprend son régime ou en commence un autre, elle se sent soulagée, apaisée. Elle respecte à la lettre les consignes, ne ressent pas la frustration. Au contraire, elle éprouve beaucoup de plaisir. Elle est dans le contrôle, elle n'a plus l'impression de subir sa vie : elle la maîtrise. Cette ivresse de se sentir aux commandes produit un vrai shoot pour elle, jusqu'à en devenir dépendante.

La dépendance au régime vient contrer et mettre des limites à sa dépendance à la nourriture. Elle exerce aussi sur elle une fonction de réassurance. Le régime, la perte de poids ont un effet euphorisant dont elle est devenue dépendante. Mais le contrôle ne dure qu'un temps. La perte de contrôle guette. Emportée par les oscillations de son yoyo, elle est ballotée entre ses deux dépendances paradoxales : manger, ne pas manger.

3.
YOYO PONDÉRAL OU LA RELATION AU CORPS DE LA FEMME YOYO

LA FEMME YOYO ET SON CORPS

La femme yoyo n'est pas connectée à son corps. Il envoie sans doute des messages mais elle ne les capte pas. Elle n'a pas appris à écouter son corps, ni à communiquer avec lui. Elle n'entend pas ses messages : sensations de faim, de satiété, de fatigue...
Pas d'appropriation du corps. Elle le ressent comme étranger, comme s'il ne lui appartenait pas. La femme yoyo n'aime pas son corps. Elle lui a maintes fois déclaré la guerre à coup de régimes ou de trop plein alimentaires. Il est d'ailleurs l'accusé et le responsable tout désigné de son désamour d'elle-même. Elle a une perception biaisée, déformée de son corps, car même mince, elle le voit toujours gros. Elle est obsédée par la balance et son poids. Cette obsession pondérale serait-elle une manière de créer un lien avec son corps ? Une chose est sûre, la relation au corps comme celle à la nourriture n'est pas paisible, elle est faite de souffrance et d'incompréhension.

COMMENT S'EFFECTUE LA CONNEXION ENTRE CORPS ET PSYCHISME ?

Maternage sécurisant

A la naissance, le bébé n'a qu'une perception parcellaire et fragmentée de son corps. Mère et enfant sont dans une relation fusionnelle et c'est à travers ce qu'elle va lui transmettre qu'il va prendre conscience de son corps et de lui-même. La gestuelle maternelle, prévenante et respectueuse, le rassure : il n'est ni un objet, ni une chose, mais une personne. Il acquiert ainsi la perception de sa peau à l'occasion des contacts et du corps à corps avec sa mère.

Au fur et à mesure des expériences qu'il vit, il arrive à rassembler petit bout par petit bout, ses différentes perceptions en une seule, celle d'un corps unifié lui appartenant en propre. La mère apprend à discriminer de mieux en mieux les besoins de son bébé. Il a faim, elle lui donne à manger. Il a froid et a besoin d'être changé ? La mère s'active et la sensation de chaleur et de propreté crée un bien-être qui le sort de l'inconfort dans lequel il se trouvait. A travers l'alternance de sensations agréables (câlins, consolations, satisfactions des besoins) et des sensations désagréables (faim, froid, peur, chagrin) s'établit la connexion entre le corps et le psychisme. Corps et tête communiquent et les sensations que le bébé ressent sont issues de cette communication. Il commence à apprendre, à écouter et à comprendre son corps. Un apprentissage qui ne fait que commencer grâce à ce maternage sécurisant de bonne qualité.

L'harmonie dans les échanges avec la mère va permettre au bébé de se sentir connecté à son corps. Son Moi va s'unifier, son Moi corporel va communiquer avec son

Moi psychique par le biais d'une circulation permanente des informations. Une communication 24/24.

Le regard de sa mère, son premier miroir
Le bébé grandit. Une distance modulable s'installe dont le bébé distingue maintenant les variations. Il peut voir sa mère s'éloigner et se rapprocher. Il peut à présent reconnaître son visage et même en décoder les expressions. Tout a commencé par les yeux de la mère, à partir du moment où ils sont devenus un regard, son premier miroir. Ce qu'il y a vu, c'était lui. Son reflet. Il s'est alors senti entier, unifié, rassemblé. Exister.

A travers ce regard et ce visage, ce qu'il perçoit, ce n'est pas seulement le reflet de lui-même, mais le reflet de ce qu'il est en train de vivre. Tout va bien et la maman sourit. Il pleure et le visage maternel semble inquiet. Parfois, il ne la voit plus et c'est la peur. Heureusement le visage tant aimé fait son retour. Grâce à l'empathie et à la douceur qui s'en dégagent et aux mots qui sortent de la bouche, il se sent consolé. Il y a aussi les bras de la mère qui le portent, le bercent, le cajolent, le contiennent. Les expressions qui se dégagent du visage de la mère sont des signaux qu'elle envoie et dont se saisit le bébé pour comprendre ce qu'il ressent à ce moment-là. Il peut petit à petit comprendre les messages qui viennent de l'extérieur, c'est-à-dire de sa mère, et de l'intérieur, c'est-à-dire de son corps.

Le bébé peut se sentir entier à partir du moment où il a perçu sa mère dans sa globalité. Mais surtout lorsqu'il s'est senti connecté à son corps. Il faut pour cela qu'une distance s'installe, qu'il sorte de la relation fusionnelle à sa mère et s'engage dans une relation triangulaire grâce à l'entrée en scène du papa.

Appropriation du corps et processus de séparation-individuation

Papa, maman, enfant : la triangulation est en place et permet la sortie de la relation fusionnelle et exclusive à la mère. C'est grâce à "l'arrivée" du père que le bébé se considère comme un sujet différent, unique, un être à part entière. La fonction paternelle introduit le différent alors que la fonction maternelle favorise la fusion (on ne forme qu'un).

Etre père, ce n'est pas jouer le rôle de seconde maman. Au moment de la rencontre psychique avec le père, le bébé a grandi et peut accepter la différence et la séparation avec la mère. C'est en étant différent de la mère que le père trouve sa place et tient son rôle de tiers séparateur. Le processus de séparation-individuation est alors bien engagé, le bébé se sépare de sa mère pour aller vers son père.

C'est un peu comme si le père coupait le cordon une deuxième fois. A la naissance, il a sans doute coupé le cordon ombilical qui reliait les corps de la mère et du bébé. Cette fois, de manière symbolique, il coupe le lien fusionnel pour faire naître son enfant psychiquement. Cette naissance psychique est fondamentale pour la connexion et la communication du corps avec la tête. Quand tout se passe bien, la connexion et le dialogue entre corps et psyché n'est pas perceptible et s'effectue de manière inconsciente.

En résumé. Pour se connecter à son corps, le bébé a besoin dans un premier temps d'un maternage de bonne qualité. Sa mère réussit à établir une relation fusionnelle structurante en apportant la réponse adéquate à tous ses besoins qu'elle arrive à discriminer. Dans un deuxième temps, le bébé a besoin que le père le fasse sortir de la relation fusionnelle. La première étape permet le rassemblement de toutes les parties fragmentées que le bébé perçoit de son corps, grâce aux soins et mais aussi au regard rassembleur de la mère, le premier miroir du bébé. La seconde étape permet au bébé de se différencier et de s'individuer, de sentir ne faire qu'un avec lui-même. Il sort de la relation fusionnelle à la mère et accède à un monde extra-maternel dont le père est l'ambassadeur.

Ce sont deux étapes distinctes et complémentaires de l'appropriation du corps. La bienveillance que le bébé sent chez la mère et maintenant chez le père va l'aider à développer un solide sentiment de sécurité intérieure. La connexion avec le corps et son appropriation ne peut se faire si le bébé ne se sent pas sécurisé. Car il faut un climat bienveillant et rassurant pour entrer dans une fusion structurante avec la mère puis d'en sortir et d'aller à la rencontre du père.

Attention mère et père désignent ici plus les fonctions parentales que les géniteurs proprement dits. Il s'agit de voir les fonctions de maternage et de tiers séparateur comme différentes et complémentaires. Et selon les configurations familiales, elles peuvent très bien être assurées par d'autres personnes que la mère ou le père, ou par un seul parent.

FONCTIONNEMENT YOYO : PAS DE CONNEXION ENTRE LA TÊTE ET LE CORPS, MAIS UN COMBAT...

La femme yoyo entretient un rapport hostile avec son corps. Au mieux elle le considère avec indifférence. Son corps lui semble étranger, il parle un langage qu'elle ne comprend pas. Elle n'a pu se l'approprier car la connexion tête-corps n'a pu s'établir. Plusieurs scenarii sont possibles :

– *la mère* n'a pas réussi à créer une relation fusionnelle structurante, elle n'arrivait pas à discriminer les différents besoins de son bébé, elle traversait peut-être une période difficile et était dans l'incapacité d'être à l'écoute des besoins de son enfant ;

– *le père* n'a pas joué son rôle de tiers séparateur, même si la mère avait réussi à établir une relation fusionnelle. Mais pour être structurante la fusion doit prendre fin grâce à l'arrivée du père dans la sphère de l'enfant. Est-ce que le père s'est montré insuffisamment rassurant ? Si la relation fusionnelle ne prend pas fin, elle va peu à peu se renforcer et prendre des allures d'agrippement. Le bébé, insuffisamment sécurisé par ce qu'il trouve en dehors de la fusion, ne peut s'éloigner du giron maternel. Le processus de séparation est empêché tout comme la connexion tête-corps ;

– *les parents* étaient tous les deux en difficulté face à leurs nouvelles responsabilités et peut-être dans l'incapacité d'établir une relation suffisamment rassurante et sécurisante pour leur enfant...

Premier miroir manquant ou absence du regard du père ?

La femme yoyo a du mal à se regarder dans un miroir. Soit son image l'insupporte, soit elle est hypnotisée par son reflet. S'accrochant à un détail, elle est dans l'incapacité de se voir dans la globalité. Elle va même jusqu'à se demander si c'est bien elle, cette image en face d'elle. Le décalage est tellement grand entre ce qu'elle ressent de ce corps et ce qu'elle en voit, comme s'il s'agissait de deux images qui ne coïncidaient pas. Un flou entre les deux contours. Elle ne s'est pas sentie suffisamment contenue, rassemblée, unifiée dans son corps et dans sa psyché. Peut-être le regard maternel n'a-t-il pas joué son rôle réunificateur ? A moins que ce ne soit le regard du père, dans son rôle séparateur, qui ait manqué...

Le yoyo pondéral, une image du corps encore plus trouble
La femme yoyo s'est construite avec une image floue d'elle-même. Son yoyo pondéral, grossir-maigrir, n'arrange pas les choses. Ses pertes et prises de poids incessantes floutent davantage l'image qu'elle a de son corps. Des limites corporelles qui s'évanouissent, une difficulté grandissante à se reconnaître. Photos, vidéos... à l'ère de l'image-reine, comment exister lorsque l'on a du mal à se reconnaitre et à s'accepter ? Même mince, la femme yoyo juge que certaines parties de son corps ne le sont jamais assez. Elle focalise sur ces parties, ne voit pas l'ensemble. Elle ne se voit jamais telle qu'elle est. Jamais assez mince. L'inverse est aussi vrai. Elle ne se rend réellement compte du surpoids atteint que lorsqu'elle recommence à maigrir.

Avec le temps, elle a appris à jouer avec les vêtements. Ce flou artistique crée une distance encore plus grande entre l'image que les autres perçoivent d'elle et celle qu'elle a d'elle-même. Certaines sont devenues expertes dans l'art de dissimuler. Elles masquent leur corps, comme elles masquent leurs émotions. Elles ont l'impression de tricher, ce qui accentue le malaise qu'elles ressentent lorsqu'elles attirent les regards. Elles ne pensent pas mériter le désir qu'elles lisent parfois dans ces regards qui leur sont adressés. Dans son attitude paradoxale, la femme yoyo cherche tout autant à fuir qu'à attirer les regards. Elle cherche dans le regard des autres l'approbation et l'acceptation dont elle a été privée. Mais aucun regard ne peut la réconcilier avec son image. Elle se trompe bien sûr. Faire la paix avec son corps est possible si l'on fait la paix avec cette histoire dont le début a été si compliqué et douloureux. L'accepter et s'accepter...

La tête contrôle, le corps subit

Le concept de femme yoyo rassemble des femmes très différentes, et une grande variété de silhouettes. Toutes font le yoyo entre perte et prise de poids, toutefois cet écart est plus ou moins marqué, visible. Chez certaines, l'oscillation ne sera que de quelques kilos, à peine perceptibles pour les regards extérieurs. Alors que chez d'autres, le poids va varier d'une dizaine, vingtaine, trentaine de kilos voire plus.

Cependant, quel que soit l'écart, elles oscillent toutes entre contrôle et perte de contrôle. Sur ce critère, il y a unité du groupe, elles ne forment qu'un seul corps. Une petite armée qui s'est lancée dans la guerre aux kilos, qui obéit à la dictature de l'image bien sûr, mais aussi et surtout de la tête...

Quand cela a-t-il commencé ? Un enfant qui n'est pas suffisamment sécurisé devient hypervigilant afin de s'adapter au mieux à son environnement. Il est totalement tourné vers l'extérieur, il va épier les moindres faits et gestes de ses parents. Inquiet, il ne supporte pas de les voir s'éloigner. Cet agrippement et cet état de surveillance permanente, coupe davantage l'enfant de son corps ; et il perd progressivement le contact avec ses sensations internes. Surtout, il mobilise et concentre toute l'énergie au niveau de la tête.

La femme yoyo est restée dans cette même position d'hypervigilance. Elle a juste changé d'objet d'observation : c'est son corps qu'elle surveille maintenant. Elle l'épie, le pèse, le contrôle. L'image floue qu'elle a de lui n'arrange évidemment pas les choses et renforce "l'état de siège". Le corps est prisonnier de la tête. Comment se sentir vivante à travers lui, alors qu'il n'est pas libre ? Elle n'a pu se l'approprier, elle cherche donc à le posséder.

Elle le ressent comme étranger voire même comme adversaire. Pour être connectée à son corps et se l'approprier, il faut passer par les sensations mais aussi par l'acceptation. La femme yoyo ne le sait pas, elle n'écoute pas son corps – ou ne l'entend pas – car elle ne sait décoder les informations qu'il envoie. La connexion est coupée. L'accepter reste difficile voire impossible, à cause de l'image floue qu'elle a de lui, mais également du degré de perfection qu'elle exige de toute sa personne. Comme la mission est de modeler son corps, la femme yoyo ne pourra relever le défi qu'en atteignant la minceur – le modèle dominant – à coup de régime et peut-être aussi de sport à outrance. Elle veut un corps mince à tout prix. Même si physiologiquement il n'est pas programmé ainsi.

Mais le corps est intelligent, tous les corps le sont. Et même lorsqu'il pourrait s'avouer vaincu car épuisé, à bout de force, il ne désespère pas et attend son heure.

Toute dictature ne dure qu'un temps car elle ne fait qu'entretenir la rébellion des opprimés. Un jour ou l'autre la tendance s'inversera. Gare au dictateur, il sera condamné à l'exil voire à l'exécution. Pendaison, décapitation... Couper la tête ! C'est le choix que fera le corps-rebelle de la femme yoyo lorsqu'il (re)prendra le pouvoir.

Lorsqu'elle fait un régime, la femme yoyo éprouve ce sentiment de toute-puissance que lui procure la position de contrôle dans laquelle elle se trouve. Les kilos s'envolent, le corps s'affine, du moins le suppose-t-elle car l'image reste floue. Elle s'en tient aux chiffres d'où l'obsession de la pesée.

Etant coupée de son corps, elle a l'impression de le traîner. Bien sûr, lorsqu'elle fait du sport, elle ressent des sensations, mais comme toujours elle bascule dans l'excès, dans une activité intense qui entraîne essoufflement, contractures, douleurs. Le corps bouge mais sans plaisir et dans la souffrance. A force d'être dans une maîtrise permanente – contrôle alimentaire et calcul des calories ingérées ou éliminées – le corps n'en peut plus et la tête non plus. Toute cette vigilance demande beaucoup d'énergie, de concentration, d'efforts.

Comme la dictature, le contrôle ne peut durer qu'un temps, le contrôle appelle la perte de contrôle. La tête est déchue. Vive le corps !

Quand le corps se rebelle

La tête épuisée a lâché. Le corps prend le pouvoir. C'est la perte de contrôle. Le corps affamé demande à être restauré. Manger, manger, manger, c'est le nouveau cri de guerre de la femme yoyo. Elle n'a plus que cela en tête. Une tête ankylosée, rendue douloureuse par la mission de contrôle permanent qu'elle exerçait jusque-là. Manger satisfait le corps affamé, mais aussi la tête qui n'en pouvait plus de contrôler. Manger procure à la femme yoyo une anesthésie générale. La tête se vide alors que le corps se remplit. Il est victorieux. Le corps grossit et sa prise de pouvoir s'accompagne de la prise de kilos. C'est ainsi qu'il se sent fort, victorieux. Manger est un passage à l'acte, il signe aussi la domination du corps. Mais il n'a gagné qu'une bataille, pas la guerre. L'anesthésie ne dure qu'un temps elle aussi.

Peu à peu, la tête reprend le dessus. Elle aussi va à nouveau se remplir, mais d'obsessions. Balance, poids, minceur, à nouveau le régime, la rigueur. Régime de terreur.

Les restrictions vont pleuvoir, encore plus strictes. Car il faut effrayer l'adversaire afin qu'il se sente écrasé, encore plus opprimé, encore plus soumis.

Pas de cohabitation, ni de partage des pouvoirs. Dans le fonctionnement de la femme yoyo, gouverner ne peut se faire que dans l'alternance. Pas de compromis, ni de chemin du milieu, d'équilibre entre le corps et la tête.

Grossir ou maigrir : la femme yoyo dans le tout ou rien

La femme yoyo n'arrive pas à stabiliser son poids. Elle est dans le tout ou rien. Soit elle maigrit, soit elle grossit. Un va-et-vient entre contrôle et perte de contrôle. C'est bien pour cela qu'aucun régime ne peut marcher sur le long terme. Pour la femme yoyo, le régime ne peut être la solution, puisqu'il fait partie du problème. Le régime actionne le yoyo et le fait repartir de plus belle. Chez elle, tête et corps ne sont pas alliés, ce sont au contraire des adversaires qui se sont lancés dans une lutte sans merci. Le corps se sent dominé et veut sans cesse reprendre le dessus. Seulement la tête ne l'entend pas ainsi...

Il n'y a pas qu'un seul type de corps, qu'une seule silhouette pour la femme yoyo. Elle-même est très changeante, puisqu'elle grossit et maigrit. D'ailleurs la femme yoyo représente une grande diversité de femmes, de l'obèse à la très mince. Eh oui ! On peut être obèse et contrôler son alimentation, on peut être très mince et avoir des compulsions alimentaires et se lâcher sans limite sur la nourriture quand on n'en peut plus de lutter... Leur corps est différent, avec des morphologies diamétralement opposées, mais elles relèvent du même fonctionnement en tout ou rien. Elles n'écoutent pas leurs sensations ou ne les entendent pas, elles veulent maîtriser leur corps. Elles sont des femmes yoyo.

Le yoyo pondéral : les régimes font grossir

Pendant les périodes de privation, le corps affamé souffre, s'adapte et réagit. Les phases de régime et de restrictions génèrent un manque nutritionnel et, lors de la phase de réalimentation, il n'y a pas seulement perte du contrôle alimentaire mais stockage et prise de poids. Pour des raisons physiologiques, le corps tente de récupérer le poids perdu lors des régimes, voire davantage dans certains cas. Si l'on affame son corps, il s'adapte en réduisant les dépenses énergétiques, le métabolisme ralentit. Il apprend en quelque sorte à fonctionner au ralenti, en mode économique.

Lorsque le corps est de nouveau suffisamment alimenté, il n'y a pas immédiatement relance des dépenses énergétiques mais stockage prudent de quelques réserves en prévision d'autres périodes de restriction. D'où une prise de poids inéluctable dès l'arrêt du régime. Elle sera d'autant plus importante que les privations ont été frustrantes et que l'on s'est mis à manger souvent n'importe quoi. Le seuil augmente ainsi que le surpoids, et au fil des régimes le nombre de kilos à perdre est de plus en plus important. Les privations alimentaires génèrent donc des processus de compensation aussi bien au niveau psychique que physiologique.

La femme yoyo est dépendante de son comportement alimentaire en tout ou rien, passant du trop plein alimentaire au régime. Elle joue au yoyo avec son poids et avec son corps. Les mécanismes physiologiques de compensation accentuent encore plus ce va-et-vient. Comme si le yoyo était propulsé toujours plus loin, toujours plus vite. Le régime n'est donc pas la bonne solution puisqu'il fait partie de la problématique de la femme yoyo. Et en plus il fait grossir...

De nouveaux outils de contrôle, encore plus de performances

La femme yoyo est toujours à l'affût de nouveaux régimes, et de tout outil ou astuce qui pourra l'aider à perdre du poids et à maintenir le contrôle. Les nouvelles technologies se sont saisies de ce marché car il y a de la demande. La femme yoyo aime beaucoup les chiffres, ce qui explique son obsession pour la balance. Et maintenant les applications. Comme elle n'a pas confiance en ce corps qu'elle voit de manière floue, en ses sensations qu'elle n'entend même pas, elle se tourne de manière rationnelle vers les chiffres. Des courbes, des variables et peut-être même des algorithmes, des paramètres qui lui étaient totalement étrangers jusque-là. Un tableau de bord très précis qui informe l'utilisateur de tout ce qui se passe dans son corps que la femme yoyo peut prendre pour un écran de contrôle. Une robotisation du corps ?

Car tous ces nouveaux outils ne l'aident pas à se rapprocher de son corps. Ils sont des alliés de la dictature que la tête exerce sur le corps. De nouveaux indicateurs pour qu'il se soumette davantage. Pour la femme yoyo, ce type d'application l'éloigne encore plus de son corps, qu'elle considère alors comme une machine, un moteur. Les applications amplifient l'état de siège, le contrôle et forcément... la perte de contrôle.

Les autres yoyos cachés

Derrière le yoyo alimentaire – manger ou ne pas manger – et le yoyo pondéral – grossir ou maigrir – dont la femme yoyo a conscience, se cachent d'autres yoyos dont elle ne soupçonne pas l'existence.

Nous allons voir qu'il y a de multiples yoyos : yoyo émotionnel, yoyo narcissique, yoyo relationnel. Un entremêlement de yoyos qui empêchent la femme yoyo de sortir du cercle vicieux dans lequel elle se trouve. Cependant, elle tire des bénéfices de ce fonctionnement qui par ailleurs l'étouffe et l'angoisse. Elle n'est pas consciente et n'a aucune idée de tout ce méandre de yoyos qui s'opposent, se chevauchent et favorisent le maintien de cette stratégie de survie.

4.
YOYO ÉMOTIONNEL OU LA GESTION DES ÉMOTIONS DE LA FEMME YOYO

LA FEMME YOYO MANGE SES ÉMOTIONS

La femme yoyo mange lorsqu'elle est assaillie par ses émotions car elle ne sait pas les gérer autrement. La nourriture joue un rôle d'airbag, elle amortit ses chocs émotionnels. La nourriture va contenir ses peines, ses larmes, sa colère, son stress, ses angoisses... Elle est le médicament, le pansement, le baume qui vient apaiser la souffrance.

La femme yoyo n'a pas appris à gérer, à réguler ses émotions alors elle les contrôle en mangeant. Elle mange et avale ses émotions...

COMMENT APPREND-T-ON À GÉRER, À RÉGULER SES ÉMOTIONS ?

Du ressenti brut à la représentation mentale
Pour dépasser une émotion agréable ou désagréable, sans se sentir débordé, il faut l'accueillir mais aussi l'identifier et la comprendre. Qu'est-ce que je ressens au juste ? Pourquoi ? Quelle est l'origine de cette émotion ? A quel événement est-elle liée ? Comprendre et accepter

le ressenti afin de le dépasser. Au départ l'émotion est un ressenti brut qui doit être transformé pour être compris. Cette transformation s'effectue par la pensée et la mise en mots. Notre appareil psychique se charge de l'élaboration, c'est-à-dire de la transformation du ressenti brut en pensée, en représentation mentale.

Cette opération contribue à la connexion entre le corps et le psychisme. Car l'émotion est un état affectif qui s'accompagne de manifestations physiologiques, elle a une inscription corporelle. L'émotion est une excitation qui monte du corps jusqu'à l'appareil psychique qui va la traiter et modérer sa portée excitatrice. Une communication à double sens, ascendante – du corps vers la psyché – et descendante – de la psyché vers le corps.

La régulation émotionnelle est donc l'équilibre entre l'accueil de cette excitation et sa modération, son contrôle. Et il est tout aussi nuisible de trop contrôler ses émotions que de ne pas les contrôler du tout.

Les parents, des "penseurs externes"

Dès le début de la vie, les mots sont essentiels à l'organisation psychique de l'être humain. Les mots que la mère prononce lors des soins à son bébé forment un discours contenant pour le nouveau-né. C'est-à-dire qu'ils donnent du sens à ce qu'il vit et ressent à ce moment-là. La réponse maternelle adaptée aux besoins du bébé doit s'accompagner de mots. A travers le discours maternel, le bébé va se saisir de la sonorité des mots ainsi que leur musicalité émotionnelle pour comprendre ce qu'il est en train de vivre. Une enveloppe sonore qui vient contenir ses ressentis.

Lui aussi communique, pleure, crie, vocalise. Par sa réponse, la mère l'intègre dans le monde du langage. Elle anticipe le bébé comme sujet parlant en émettant des formes interrogatives, des pauses. Le bébé se sent alors écouté, compris, accompagné dans ce qu'il vit. Ces premiers échanges langagiers sont une étape essentielle vers le langage et la communication. Une communication avec les autres mais aussi avec soi-même, afin de penser, de réfléchir mais aussi d'analyser son propre ressenti.

La mère joue un rôle de "penseur externe" lorsqu'elle devine grâce à son écoute sensible le ressenti de son bébé. Peu à peu, elle arrive à discriminer les besoins physiologiques des émotions. La nourriture n'est pas systématiquement administrée à chaque fois qu'elle entend pleurer son bébé. Sa présence et ses mots suffisent à le consoler et sont la stratégie réparatrice grâce à laquelle le bébé arrive à dépasser un épisode douloureux.

L'apprentissage de la régulation des émotions se poursuit lorsque les parents demandent à l'enfant qui a grandi, d'expliquer ce qu'il ressent lorsqu'ils le voient débordé. Qu'il s'agisse de surexcitation s'il se montre trop turbulent et agité, ou d'émotion s'il est stressé, triste ou en colère. Ils continuent de jouer le rôle de "penseur externe", ils transmettent à leur enfant la marche à suivre pour accueillir et comprendre ce qu'il ressent. Ils lui signifient aussi qu'ils ont bien perçu que quelque chose le troublait. L'enfant se sent compris, écouté, reconnu dans ce qu'il vit. Cette écoute sensible de la part des parents participe au sentiment de sécurité affective de l'enfant : il se trouve alors dans un environnement rassurant qui valide les expériences émotionnelles qu'il traverse. De la part des parents, c'est une sorte de passation du mode d'emploi de la régulation des émotions.

Grâce à la verbalisation le ressenti brut est transformé, sa source est identifiée et l'enfant apprend à réguler ses émotions. La connexion entre son corps et son psychisme se développe et s'affine, la régulation émotionnelle en est le résultat.

Peu à peu, il apprend à écouter et à identifier ses émotions. En reconnaissant l'origine d'un état émotionnel, on lui donne un sens. Cette opération permet de trouver la solution, ou du moins de baisser le niveau émotionnel. Donner un sens à la peur, à la colère, à l'anxiété, au stress... permet d'accueillir l'émotion, de se la représenter psychiquement et de la réguler. On est alors en capacité de transformer un ressenti douloureux en vécu supportable. Quand tout se passe bien, la régulation des émotions est fluide et se fait en grande partie de manière inconsciente grâce à une bonne connexion corps-psychisme.

La confrontation à la réalité : supporter les frustrations

L'enfant, à un moment ou autre, doit être confronté à la réalité. Il doit comprendre que toute satisfaction n'est pas forcément immédiate et que parfois il est nécessaire d'attendre. Et puis tout n'est pas permis : on ne peut se nourrir uniquement de sucreries et de gâteaux ; on ne peut jouer avec des objets contondants ; il faut bien se couvrir quand il fait froid dehors etc. Bref, mettre des limites à l'enfant, c'est le protéger.

Peu à peu, il va intérioriser ces limites et, de lui-même il sera en capacité de percevoir le danger et de s'en préserver. C'est aussi un moyen d'apprendre à accepter les contraintes de la réalité et à supporter l'attente, les frustrations et les émotions qui en découlent. Eh oui, on ne fait pas toujours ce que l'on veut ! Pour que la confrontation à la réalité soit structurante, l'enfant doit prendre en compte les limites et les frustrations. Mais tout cela reste supportable pour lui puisqu'il n'a subi aucune frustration affective et qu'il reçoit de ses parents un amour illimité. Et de petites frustrations en petites frustrations, l'enfant peu à peu prend en considération la réalité et ses limites. Il comprend aussi qu'il est un être séparé, responsable de lui-même et de la satisfaction de ses besoins. Car les parents en reconnaissant les besoins de l'enfant et en mettant des limites lorsque cela est nécessaire, lui apprennent à s'approprier sa vie, ses besoins et leur satisfaction.

Les frustrations participent au développement du processus de séparation-individuation qui mène à l'autonomie.

Certains parents n'arrivent pas à mettre de limites à leur enfant : ils confondent frustration avec privation et manque d'amour. Ce sont pourtant deux domaines complètement différents. Frustrer son enfant quand cela est nécessaire est une preuve d'amour. C'est l'accompagner et l'aider à grandir.

Enfants, ces parents ont-ils peut-être subi trop de frustrations et de carences affectives ? Pour eux, frustration rime avec privation d'amour. Cette confusion est dommageable car mettre des limites à un enfant est structurant. Il apprend à supporter la frustration et à devenir responsable de lui-même. Il faut bien entendu un juste équilibre entre trop et pas assez, entre frustration et permissivité.

Quand les émotions font peur...

Il est des familles où il n'est pas possible d'exprimer ses émotions, ni ses sentiments :
– soit par pudeur excessive, parce que le contrôle émotionnel est valorisé, il donne une certaine tenue qui évite les débordements ;

– soit parce qu'il n'y a pas eu accès aux mots et que l'on a pas appris à exprimer son ressenti.

Il se peut aussi que dans certaines familles, la nourriture remplace les mots : on ne sait pas dire « *je t'aime* », ni consoler. Consoler un enfant, c'est lui donner une sucette ou réaliser son dessert préféré. Affect et nourriture sont confondus. La culture gastronomique est alors un signe d'appartenance et permet à tous les membres de se reconnaître et de se rassembler, pour former une famille où l'on aime manger. Et terminer son assiette même si l'on n'a plus faim, c'est aussi répondre par de l'affect, montrer qu'on a bien reçu l'amour qu'il y avait dedans et qu'on y a répondu. Cette confusion entre affect et nourriture peut, l'on s'en doute, représenter un piège. Dans ce cas manger risque de devenir une manière d'exprimer ses sentiments et de réguler ses émotions...

LA FEMME YOYO : PAS D'ACCUEIL DES ÉMOTIONS MAIS UN HYPER-CONTRÔLE

La femme yoyo n'a pas appris à réguler ses émotions. Les parents ne lui ont pas transmis le mode d'emploi. Là aussi, le scénario familial a pu prendre différentes tournures.

Peut-être les parents étaient-ils eux-mêmes dans un contrôle excessif de leurs émotions et de leurs sentiments ? Et lorsqu'elle manifestait un quelconque ressenti, elle apparaissait peut-être à leurs yeux comme une petite fille ou une adolescente hypersensible, stressée ou compliquée, alors qu'elle se sentait surtout perdue et en détresse face à certains événements de la réalité. Elle était dans l'incapacité d'exprimer et de verbaliser ses émotions. D'ailleurs personne ne lui demandait de le faire. Une famille où les émotions étaient déniées et les sentiments tus, comme s'ils étaient un signe de fragilité, de vulnérabilité. Un environnement qui ne valide pas les ressentis de l'enfant et ne l'aide pas à les identifier.

A l'inverse, il est possible que les parents aient été totalement débordés émotionnellement et que toute la famille était alors envahie par leur ressenti : stress, colère, angoisse… Des parents qui n'arrivent pas à gérer leurs émotions sont dans l'incapacité de transmettre le mode d'emploi de la régulation émotionnelle. Ils ne peuvent penser leurs propres émotions et jouer le rôle de "penseur externe" pour leur enfant.

Il en va de même si la femme yoyo a eu une famille où la nourriture faisait le lien, était un médiateur d'affection et de consolation. Cela a peut-être commencé très tôt si la mère proposait systématiquement le sein ou le biberon dès qu'elle l'entendait pleurer. N'ayant pas appris à discriminer les sensations physiologiques entre elles, la femme yoyo confond la faim avec des émotions de stress, ou encore d'ennui et le sentiment de vide qu'il provoque.

Il est également probable qu'elle ait eu des parents permissifs qui ne mettaient pas de limites et cédaient systématiquement. Elle n'a pas appris à accepter l'attente et les frustrations consécutives à la confrontation avec la réalité, ni à gérer les émotions qui en découlent. Même si elle semble plus chanceuse que dans les situations précédentes, elle s'est trouvée dans la même détresse.

Sans limites parentales l'enfant ne se sent pas accompagné. Insécurisé, il n'apprend pas à se séparer. Il reste dans une grande dépendance aux parents et ressent tout éloignement comme angoissant, effrayant. Comme s'il s'agissait d'un abandon. Les émotions le débordent. Et lorsqu'il réclame telle ou telle chose avec obstination, si certains voient un caprice de plus, en réalité c'est pour lui une manière de vouloir attirer l'attention de ses parents et de leur exprimer sa détresse.

Quel qu'ait pu être son environnement familial, la femme yoyo n'a pas eu de "penseur externe" pour l'aider à apprendre à reconnaître et à réguler ses émotions.

Le yoyo émotionnel ou l'hyper-contrôle des émotions

La femme yoyo a peur de ses émotions, elle n'a pas le mode d'emploi de la régulation émotionnelle. Elle ne sait pas les distinguer entre elles. Toute excitation est stressante. D'ailleurs, quel que soit l'événement auquel elle est confrontée, agréable ou désagréable, il provoque un grand stress. Elle est vite débordée. Manger représente une soupape de sécurité. Son yoyo émotionnel s'est mis en place grâce à l'alternance entre restrictions et lâchages alimentaires. Si elle s'ennuie, manger va l'occuper et elle va passer d'une sensation désagréable de vide à une sensation agréable de plaisir. Un renversement dans le contraire.

A l'inverse, si une émotion est dérangeante parce qu'elle est de trop forte intensité, quelle qu'en soit la nature (l'angoisse, la joie...) manger va anesthésier ce ressenti, plonger la femme yoyo dans une sorte d'indifférence. Elle passe ainsi d'une excitation intense à une annulation de sensation. Le yoyo émotionnel ne module pas les émotions mais inverse la tendance. Le tout ou rien encore une fois : soit c'est l'indifférence, soit une forte excitation qui est recherchée. Grâce à la nourriture, la femme yoyo peut donc monter ou baisser le niveau émotionnel, elle n'est pas dans une régulation des émotions mais dans un hyper contrôle qui la plonge par moment dans un sentiment de toute-puissance.

Elle joue au yoyo avec ses émotions. Un jeu en grande partie inconscient mais qui n'est pas sans conséquence sur sa santé et son équilibre : n'oublions pas qu'il est tout aussi nuisible de ne pas contrôler ses émotions que de trop les contrôler.

Un yoyo pour fuir la réalité et anesthésier les émotions

Grâce à son yoyo émotionnel, la femme yoyo arrive à fuir un temps la réalité et les émotions qu'elle suscite. Une réalité qui se révèle parfois frustrante, douloureuse, inquiétante au niveau de la relation à soi et de la relation aux autres. Hop, elle s'échappe ! La réalité, les émotions, elle s'en fiche : elle mange. Un voile d'indifférence recouvre cette réalité qui devient supportable. Un coup de baguette magique. Eh oui ! Le yoyo est magique. Il donne le pouvoir, en tout cas l'illusion du pouvoir absolu et de la toute-puissance.

La réalité, avec son lot de contrariétés et de frustrations, peut faire ressurgir les angoisses du passé. Il faut dire qu'elles ne sont jamais très loin. Face à un événement stressant, la femme yoyo redevient cette petite fille en panique. Elle fuit ce souvenir comme elle fuit les émotions, les angoisses et cette réalité parfois tellement frustrante qu'elle en devient persécutante. Son yoyo émotionnel l'aide à inverser la tendance. Elle se sent alors intouchable et toute-puissante. Manger la plonge dans une ambiance cotonneuse, une sorte d'indifférence. Plus rien ne l'affecte. Le choc avec la réalité est amorti, les émotions, anesthésiées. Même pas mal !

Grâce à son yoyo émotionnel, elle a un moyen d'action sur son ressenti. Manger et la colère disparait. Manger et la tristesse ou l'angoisse sont un vague souvenir. Manger et elle ne sait même plus pourquoi elle était stressée. L'ennui, elle ne connait pas. Manger et elle est vite occupée. Son corps et son psychisme ne sont pas connectés. Tout reste au niveau du corps et du passage à l'acte. Manger est un passage à l'acte qui court-circuite l'élaboration psychique et la modulation des émotions. Manger lui permet de décharger le trop plein émotionnel qui la submerge.

Qui dit contrôle... dit perte de contrôle
Quand le yoyo émotionnel perd son pouvoir magique, c'est la descente. L'anesthésie ne fait plus effet. La douleur est vive. Quelle que soit l'émotion initiale qu'il fallait contrôler, le réveil est difficile. Une vraie gueule de bois, sauf que dans ce cas la nourriture remplace l'alcool. Le craquage s'est vite transformé en trop plein selon la loi du tout ou rien, entraînant un dégoût alimentaire suivi d'un dégoût plus large, un dégoût de soi. A ce dégoût s'ajoute le sentiment d'échec et la culpabilité d'avoir transgressé les règles et les interdits alimentaires. Coupable, elle se sent déprimée, plus impuissante et vulnérable que jamais. Le sentiment de toute-puissance est déjà loin.

La culpabilité déclenche un état de déprime qui vient s'ajouter au réveil émotionnel post-anesthésie. Aïe ! La chute est vertigineuse, la réalité apparait plus dure encore. L'onde de choc est telle qu'elle crée un tsunami émotionnel.

Le contrôle extrême de la femme yoyo sur son ressenti ne peut durer qu'un temps. Grâce à la nourriture, le yoyo émotionnel permet d'apporter une solution à court terme dans le rapport à la réalité et la gestion des émotions.

Mais sur le long terme, manger au-delà de ses besoins nutritionnels a un effet délétère, toxique. Le repli sur la nourriture isole, éloigne de la réalité, des autres mais aussi de soi-même car il empêche de vivre vraiment.

Le régime, l'autre tendance du yoyo émotionnel
 Si la nourriture est un anesthésiant, un antidouleur, un médicament ou un doudou qui console, il en va de même pour le régime. Le régime avec ses règles restrictives et ses interdits donne un cadre et occupe l'esprit. Il crée une bulle protectrice. Comme une paroi sur laquelle glisseraient les émotions qui sont ainsi tenues à distance.

Quelle que soit la phase du yoyo alimentaire – manger ou ne pas manger – elle joue un rôle sur le yoyo émotionnel, puisque les émotions sont sous contrôle. C'est un des multiples bénéfices du fonctionnement yoyo. Mais ces deux tendances opposées, nourriture et régime, ne convergent pas vers l'équilibre. Elles emportent la femme yoyo d'un extrême à l'autre. Elle est ballotée par des émotions binaires : soit c'est le calme plat qui est recherché à travers l'anesthésie, une sorte d'indifférence émotionnelle ; soit la grande excitation, le plaisir ou l'activité, lorsqu'elle s'ennuie ou cherche à se consoler.

Ainsi le régime et le contrôle alimentaire qu'il implique peuvent également exercer un contrôle au niveau émotionnel. Si manger permet aussi de contrôler les émotions, cela représente en revanche, une perte de contrôle au niveau alimentaire. Contrôle et perte de contrôle sont confondus, tout est entremêlé et confus. La femme yoyo n'est pas consciente de cet entremêlement, à la longue elle ressent une grande fatigue...

FONCTIONNEMENT YOYO : UNE LUTTE ANTIDÉPRESSIVE ?

Accueillir ses émotions pour se sentir vivant
 On ne peut pas contrôler ses émotions, ni les fuir sans se mettre en danger. Plus on les repousse, plus elles se renforcent. Le contrôle, la fuite, l'anesthésie des émotions ne durent qu'un temps. La femme yoyo s'épuise à leur résister. Dès qu'elle n'arrive plus à leur tenir tête, les émotions renforcées par la pression due à la résistance qu'elle leur oppose, redoublent d'intensité. Elles l'envahissent et la débordent, l'effrayent et la paniquent davantage.
 Les émotions ne sont pas dangereuses. Certaines infligent de la souffrance, mais elles ne font que passer. Surtout, elles font partie de la vie. Les fuir éloigne de la vie, comme si l'on passait à côté d'elle. Paradoxalement, cela donne l'impression que c'est la vie qui fuit, qu'elle nous échappe. La vie en fuite...
 La femme yoyo ne le sait pas. Elle n'a pas appris à gérer et à réguler ses émotions, elle est dans le contrôle et l'évitement. Ces stratégies la rendent encore plus vulnérable car elles renforcent l'intensité des émotions qu'elle tente d'éviter. Abattue, dégoûtée, fatiguée, découragée, elle est encore plus déprimée. Vite ! Manger ! Non, un régime...

La déprime, signe de santé psychique
 Tout individu traversera dans sa vie des périodes difficiles, des états de crise : projet qui n'aboutit pas, rupture amoureuse, perte d'emploi, d'un être cher, ou jeunesse qui s'en va, avec la beauté et la force physique... A

chaque fois, le sentiment de se sentir diminué, privé d'un objet, de quelque chose ou de quelqu'un qui était là et ne l'est plus. Un sentiment de perte déstabilisant. Il faut alors trouver un nouvel équilibre. Ce changement amène forcément une rupture avec la précédente organisation et va nécessiter une élaboration psychique, un accueil des émotions, voire un travail de deuil, afin de pouvoir dépasser la crise.

Le psychisme est alors confronté à un lourd travail d'analyse, d'élaboration qui peut provoquer un ralentissement psychomoteur et un état de déprime. Pouvoir traverser et dépasser ces crises de la vie oblige à accepter la réalité, à accueillir le déséquilibre et le passage à vide qui en découle. La déprime que traverse alors l'individu est signe de santé psychique. C'est une bonne réaction car on lâche prise, on accueille la tristesse, la mélancolie, la perte, la nostalgie.

Les états de déprime sont étroitement liés aux transitions, aux pertes, aux différentes crises de la vie. Il faut quitter un équilibre et en trouver un autre avec d'autres paramètres. La déprime est cette période de déséquilibre. C'est une réaction normale, naturelle et même salutaire. Elle est signe de santé psychique car elle permet d'avancer et de trouver un nouvel équilibre. C'est aussi la preuve d'un sentiment de sécurité intérieure : le sujet a suffisamment confiance en lui pour accepter cet épisode, il sent qu'il saura le dépasser.

La déprime évolue en maladie handicapante, en dépression, lorsque l'individu est dans le déni de ce qu'il ressent ou de ce qu'il traverse à ce moment-là. Il s'accroche au passé, n'accepte pas la réalité ni le changement et le bouleversement auxquels il est confronté.

Lorsqu'il lutte, bataille, met en œuvre des stratégies pour éviter la déprime associée à la crise, il est dans le contrôle des émotions et dans une recherche de toute-puissance, une sorte d'invulnérabilité.

L'être humain doit renoncer à la toute-puissance. C'est justement parce qu'il est faillible qu'il est humain, et c'est en s'acceptant comme faillible qu'il se sent vivant. Il fait preuve d'humanité pour lui-même et pour autrui.

C'est accepter que l'on ne puisse être en permanence au maximum de sa forme. C'est renoncer aussi à être dans le contrôle et la maîtrise et au sentiment de pouvoir qu'ils produisent. Parfois la vie nous expose à des pertes, à des crises, à une déprime. Il faut accepter cette réalité mais aussi le fait que le rythme ralentisse et que l'on se sente débordé par ses émotions, le temps que le niveau émotionnel revienne à la normale, la vie reprenant son cour.

Cette capacité à déprimer, à ralentir, à accueillir sa tristesse est un signe de maturité psychique, celle d'un sujet qui ne fuit pas la réalité mais l'accepte comme il accepte ses émotions. Cette aptitude est signe de souplesse psychique et participe grandement à l'acceptation de soi.

Le yoyo émotionnel : un antidépresseur ?

Le yoyo émotionnel produit une double action :
– *anesthésiante*, manger calme, et faire un régime crée une sorte d'indifférence émotionnelle ;
– *stimulante*, car la nourriture procure aussi une certaine excitation et du plaisir. Le régime est euphorisant : être dans le contrôle a un effet dopant, un vrai "speed".

Les deux réactions ont des effets antidépresseurs. Douleur, stress, angoisse, tristesse, sentiment de vide... sont soit anesthésiés, soit évacués par un regain d'énergie. La femme yoyo est dans une recherche d'immédiateté d'où le passage à l'acte et le recours au yoyo émotionnel. Elle ne sait pas faire autrement, elle doute de ses capacités à surmonter un épisode dépressif à cause de son sentiment d'insécurité intérieure. Elle a peur de sombrer d'où le recours à la nourriture et au régime. Une stratégie de contrôle émotionnel dont elle n'a pas vraiment conscience. Mais le yoyo n'est efficace que sur le court terme. Il devient toxique et délétère sur le long terme puisqu'il renforce le risque de dépression profonde.

Pour beaucoup de femmes yoyo, le régime a été la porte d'entrée dans ce fonctionnement binaire si particulier. Mais le régime n'est que l'élément déclencheur d'une problématique beaucoup plus large. C'est le sentiment d'insécurité intérieure, d'angoisse permanente que vient colmater le contrôle des émotions, l'envie de maîtrise et de toute puissance.

Récemment, l'Assemblée Nationale a voté l'interdiction de l'emploi de mannequins trop maigres ou dénutris. Cet amendement protège des jeunes femmes qui sont soumises à de fortes pressions dans l'exercice de leur profession, pour se maintenir à un poids souvent très en dessous d'un IMC (indice de masse corporel) moyen correspondant au poids d'une personne en bonne santé.

Mais pour les femmes et les jeunes filles sujettes au fonctionnement yoyo, cette loi n'a pas beaucoup de valeur. Au-delà de la minceur, elles sont dans une illusion de toute-puissance, celle d'être toujours au mieux de leur forme grâce à une posture de contrôle.

Toute personne qui entreprend un régime ou reprend du poids juste après ne bascule pas forcément dans un fonctionnement yoyo. Celles qui vont devenir des femmes yoyo découvrent à travers le premier régime, la sensation de contrôle, l'ivresse de toute-puissance. Un véritable toxique qui peut déclencher une dépendance. Un sentiment de toute-puissance qui s'exprime aussi bien par le recours à la nourriture qu'au régime. Point commun de ces deux tendances du fonctionnement yoyo : le contrôle des émotions.

D'ailleurs ce qu'elles constatent autour d'elles, dans notre société moderne, c'est un contrôle généralisé. Il faut se montrer à tout moment au mieux de sa forme. Etre au top, montrer une bonne image de soi, dans les domaines privé, professionnel et social.

A travers l'expérience du premier régime, les futures femmes yoyo, grâce au contrôle du poids et des émotions, vont ressentir un sentiment de toute-puissance. C'est cela le poison, le toxique dont elles vont devenir dépendantes.

Les régimes sont mauvais pour la santé et ils font tous grossir dès qu'on les arrête, mais pour ces femmes et ces jeunes filles, le régime n'est qu'un élément déclencheur. Le fond du problème, c'est l'angoisse, l'insécurité intérieure. Elles tentent de lutter contre ce mal-être en s'installant dans une posture de maîtrise, de contrôle.

Etre dans le contrôle est un fonctionnement qui malheureusement se généralise. C'est alors que l'individu encoure le plus de risque de sombrer dans la maladie, non plus une déprime mais une véritable dépression. A trop tirer rompt la corde... D'ailleurs la dépression est en augmentation dans notre société moderne et impitoyable. Elle est considérée comme un signe de faiblesse et de vulnérabilité. Il faut donc se montrer fort, être dans le contrôle.

Un individu ne peut être en permanence dans une forme identique, il y a des hauts et des bas. Il faut être capable d'accepter la baisse de forme, de moral, de l'état général. Le contrôle émotionnel est une lutte antidépressive qui paradoxalement renforce le risque de dépression. Vouloir empêcher les petites baisses de forme, ne pas les écouter, fera qu'on basculera peut-être dans la dépression à un moment donné. Cette lutte antidépressive peut s'exprimer par une boulimie, une hyperactivité, un remplissage du temps, de soi, un gavage généralisé. Se remplir jusqu'au trop plein d'excitation ou d'indifférence, jusqu'à l'ivresse ou l'anesthésie, comme dans toute addiction. C'est ainsi que la femme yoyo est devenue dépendante de son fonctionnement yoyo.

FONCTIONNEMENT YOYO :
UNE DÉPENDANCE, UNE ADDICTION,
UN AGRIPPEMENT

Même si sur le long terme le fonctionnement yoyo a un effet délétère, la femme yoyo en est dépendante. C'est devenu une addiction. Et comme dans toute addiction, le sujet dépendant a l'illusion d'être tout-puissant et de contrôler la réalité, les autres, ses émotions, son ressenti et même le produit dont il est dépendant. Toute addiction aide le sujet dépendant à supporter ce qui jusque-là était insupportable. Elle lui permet de fuir. N'importe quel produit ou comportement peut devenir une addiction. L'addiction ne se résume pas au caractère illégal d'un quelconque produit ou au caractère transgressif d'un comportement interdit. La nourriture avec son aspect rassurant et inoffensif peut devenir le pire des toxiques et mettre en danger le sujet dépendant. Il en va de même pour le régime. Les cas d'anorexie mentale et d'obésité morbide le prouvent.

Il s'agit surtout d'un rapport à un produit ou à un comportement qui devient exclusif et met le sujet en danger.

C'est cette exclusivité qui crée la dépendance, et vice versa. Plus on privilégie un comportement, plus il se renforce et crée une dépendance.

L'addiction est une fuite. Derrière toute dépendance, il y a une peur, une angoisse à laquelle on tente d'échapper. Mais c'est surtout à soi qu'on échappe. On se perd... L'addiction permet de fuir la réalité. Mais c'est une fuite sans issue. Elle donne l'illusion d'échapper aux frustrations, de contrôler ses émotions, d'être au dessus de la réalité, d'être inatteignable, tout-puissant. Mais l'addiction détruit tout sur son passage. Plus rien n'existe autour. L'addiction comble le vide intérieur mais crée le vide tout autour. Elle fait le vide, coupe de la réalité, du monde et des autres. C'est un agrippement.

L'addiction est la conséquence d'un sentiment d'insécurité intérieure. Le sujet dépendant est agrippé au toxique ou au comportement dont il est dépendant comme, enfant, il était agrippé à ses parents ou peut-être à l'un d'eux seulement. Cet agrippement peut aussi bien s'exprimer à travers un amour absolu qu'une colère ou du ressentiment.

De l'agrippement à ses parents, la femme yoyo est passée à l'agrippement à son fonctionnement yoyo. Sans lui elle n'est rien. Tout tourne autour de la nourriture et des régimes. Comme dans toute addiction, le fonctionnement yoyo est une stratégie de survie. Vivre sans est impossible, vivre avec détruit....

5.
YOYO NARCISSIQUE OU LA RELATION À SOI DE LA FEMME YOYO

LA FEMME YOYO : UN NARCISSISME FRAGILE

La femme yoyo a une faible estime de soi. Elle doute, manque d'assurance et de confiance en elle. Ce narcissisme fragile est dû à un désamour d'elle-même. Elle ne s'aime pas ou pas suffisamment pour s'accepter telle qu'elle est. Il faut dire que son exigence est grande et s'apparente à une recherche de perfection difficile à atteindre. Pourquoi une telle quête d'idéal ? Pour s'aimer davantage ou peut-être pour s'aimer enfin ? Pour se sentir aimée ?

Elle pense qu'en étant mince, elle accédera à l'assurance qui lui manque tant et trouvera l'amour. Mais même lorsqu'elle rencontre le grand amour (ou du moins lorsqu'elle vit une relation qui pourrait être épanouissante car elle lui apporte tendresse et respect) elle ne se sent pas apaisée. Pensant que l'amour serait la solution à son problème existentiel, elle ressent de la déception car il n'en est rien. Elle se sent aimée, mais se demande bien pourquoi. S'interroge sur sa légitimité. Est-elle digne de l'amour qu'on lui porte ? Ce n'est pas l'autre qui est décevant, c'est elle qui a peur de décevoir. Va-t-on s'apercevoir de l'imposture ? Elle se sent très souvent en décalage avec l'image que les autres ont d'elle...

COMMENT SE DÉVELOPPE LE BON NARCISSISME ?

Le narcissisme est l'image que l'on a de soi, la valeur que l'on s'accorde, l'amour de soi. C'est aussi la capacité à s'affirmer face aux autres, à repérer ses propres désirs et à faire des choix. C'est une notion complexe. Elle est souvent connotée négativement car elle renvoie du côté de l'excès, du pathologique, du trop ou du pas assez. Pourtant il est nécessaire d'avoir un bon narcissisme, c'est-à-dire le juste équilibre entre le sentiment de toute-puissance et celui de nullité. Quelle que soit la tendance, l'excès témoigne d'une souffrance car le complexe de supériorité repose toujours sur un sentiment d'infériorité.

Avoir un bon narcissisme est signe de santé psychique et contribue au sentiment d'existence. Le sentiment d'être en phase avec ce que l'on vit, de se sentir acteur de sa vie. On a alors la capacité de vivre selon ses aspirations, ses choix, ses goûts.

Le narcissisme se structure peu à peu, dès la naissance et tout au long de la vie, à partir des interactions avec l'environnement, d'abord avec les parents puis au fil des rencontres.

Car le narcissisme et l'amour de soi découlent en grande partie de la manière dont l'on a été entouré et aimé durant l'enfance.

L'installation du narcissisme : quand la mère offre la bonne réponse

Le narcissisme du bébé se met en place à partir d'un climat de bienveillance maternelle et d'une confiance mutuelle. La mère s'adapte aux demandes et aux attentes de son petit : nourriture, propreté, tendresse, caresses, communication visuelle, verbale, corporelle... Le bébé se sent écouté, respecté, porté aussi bien physiquement que psychiquement. Sa mère se rend disponible pour lui. Elle n'est pas encombrée par ses propres émotions et états d'âme. Elle a la capacité psychique d'accueillir son petit, de lui faire de la place. Ainsi s'installe le narcissisme primaire du bébé.

L'identification aux parents
Grâce aux interactions avec ses deux parents, l'enfant apprend la diversité et l'altérité qui viennent nourrir son narcissisme. L'enfant va s'identifier à ses deux parents et son narcissisme va se gonfler et profiter de ce double apport des qualités parentales. Un bénéfice sans pareil pour le narcissisme de l'enfant qui va se renforcer et s'enrichir d'un "retour sur investissement" de l'amour qu'il porte à ses parents. L'enfant en s'identifiant à ses parents, va s'aimer lui-même autant qu'il aime ses parents. Il les idéalise, leur ressemble, tout en étant lui-même différent, unique.

L'enfant a besoin de sentir qu'il compte pour ses parents, qu'il a de la valeur à leurs yeux, qu'ils lui portent de l'intérêt et que son existence contribue à leur bonheur.

Comme si les parents tendaient un miroir positif à l'enfant qui se sent alors valorisé, accueilli, reconnu à travers leur regard bienveillant. Ainsi aidé, il trouve facilement sa place au sein de la famille puis dans la société.

Mais l'enfant a besoin de sentir aussi que ses parents s'accordent eux-mêmes de la valeur aussi bien entre eux que de manière individuelle. Il est préférable que les parents aient un bon narcissisme, une bonne image d'eux-mêmes, vivent un bon compagnonnage avec l'autre et avec eux-mêmes pour le transmettre à leur enfant. Donc,

il n'y a pas qu'à travers le discours parental, – compliments, encouragements, intérêt, valorisation, tendresse...
– que se développe le narcissisme de l'enfant : ce que les parents donnent à voir de leur confiance en eux-mêmes et de l'amour de soi compte également beaucoup. Le narcissisme de l'enfant prend aussi racine dans le narcissisme des parents.

Négociation entre les parents et l'enfant : va-et-vient entre dépendance et autonomie

Le bébé naît dans un état de dépendance totale, aussi bien physique que psychique. Au fil du temps, et au fur et à mesure des progrès, cette dépendance évolue afin qu'il s'engage dans un processus d'autonomie. Une négociation s'établit entre l'enfant et ses parents. L'opposition à l'autre exprime nécessairement une part d'agressivité. L'enfant, puis l'adolescent signifie à ses parents sa soif de liberté et d'autonomie. On ne se construit pas dans la soumission mais dans la confrontation. En exprimant cette part d'agressivité, l'enfant poursuit la construction de son narcissisme. Il aime ses parents, qu'il idéalise et auxquels il s'identifie. Il veut leur ressembler mais parallèlement au processus d'identification, se développent la capacité à s'affirmer et le désir de se différencier de l'autre, des parents.

Par cette insoumission, l'enfant recherche du sens. Il veut comprendre le monde, expérimente, teste les limites. Ce va-et-vient entre identification et affirmation de soi, entre indifférenciation et différenciation, entre dépendance et autonomie est nécessaire pour apprendre à s'affirmer, à revendiquer sa différence, à faire ses propres choix et à être au clair avec ses désirs.

Les parents doivent rester en lisière de la vie de leur enfant. C'est-à-dire que l'enfant doit pouvoir exprimer sa véritable nature, encouragé par des parents qui reconnaissent et encouragent ses véritables talents plutôt que ses réflexes d'adaptation. L'enfant s'autorise alors à être lui-même. Il peut ainsi développer plus facilement une confiance et un amour de soi. Et bien sûr un bon narcissisme !

LORSQUE L'ENFANT DOIT S'ADAPTER
À SON ENVIRONNEMENT...

*Quand la part adaptative de la personnalité écrase
la part authentique*

Chaque individu a son propre tempérament. Certains sont plus sensibles que d'autres. Cette sensibilité est en partie innée mais elle est exacerbée lorsque l'environnement ne se révèle pas suffisamment disponible et sécurisant. Une hypersensibilité que le sujet va tenter de masquer par une suradaptation à l'environnement. Nous allons voir tout cela en détail.

La personnalité de tout individu est constituée d'une part authentique et d'une part adaptative. Elles se développent dès la naissance à partir des interactions avec l'environnement. La part authentique correspond à la nature spontanée de la personnalité. Elle correspond au Moi véritable de l'individu. La part adaptative s'acquiert grâce à l'éducation et permet d'entretenir des relations civilisées, de faire des compromis et de s'adapter socialement.

Pour bien comprendre comment ces deux parties de la personnalité interagissent l'une avec l'autre, prenons deux cercles : un petit cercle entouré d'un plus grand. L'espace central représente la part authentique et le cercle plus grand la part adaptative. Tous deux sont des contenants, il s'agit de se les représenter comme des vases communicants.

Leur proportion va varier en fonction du degré d'adaptation qui sera exigé de la part de l'environnement. La part adaptative peut donc aller de la simple politesse à la soumission la plus totale. Plus le sujet se soumet, plus la part adaptative barricade la part authentique. Le sujet sent que l'environnement n'est pas assez rassurant pour libérer la partie la plus intime, et donc la plus fragile de la personnalité. Le Moi alors ne peut se développer, s'épanouir, se déployer, grandir normalement.

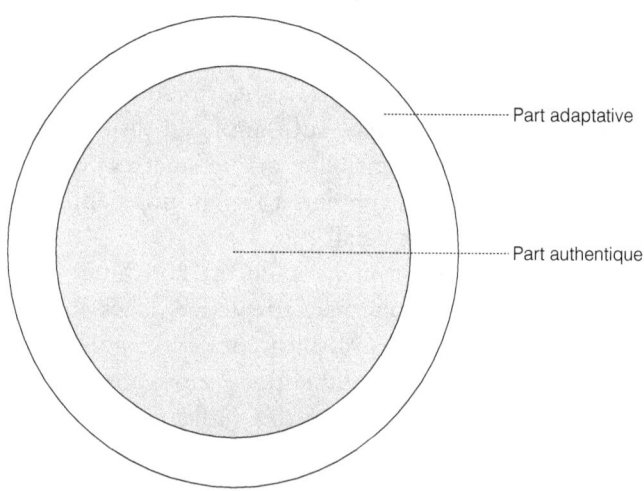

Développement harmonieux du Moi.

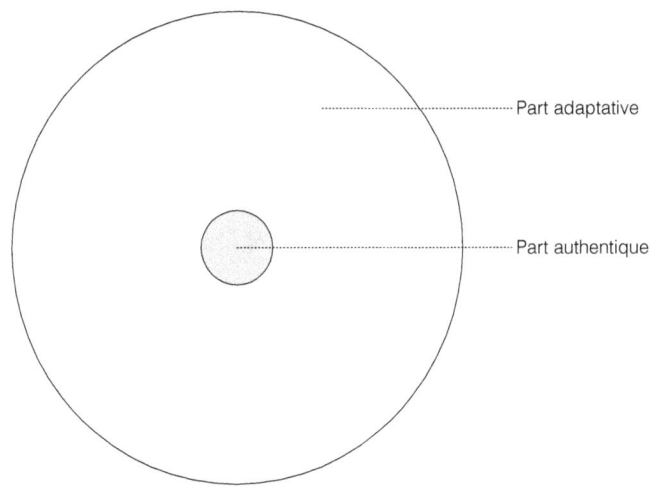

Développement d'un Moi soumis à l'environnement.

En résumé, moins les parents s'adaptent et plus c'est à l'enfant de le faire. Dans ce cas la part adaptative sera plus importante et, dans les situations les plus extrêmes, le Moi, la part authentique, peut être totalement dissimulé. La part adaptative peut donc aussi bien représenter une simple barrière de protection qu'un rempart de forteresse, dans laquelle sera recluse la part authentique qui restera alors totalement dissimulée aux autres.

Heureusement on peut redistribuer les cartes, car les rapports entre part authentique et part adaptative évoluent tout au long de la vie !

Le Moi, la part profonde de la personnalité

J'appelle Moi, la part authentique de la personnalité, une entité psychique qui permet l'expérience subjective et l'affirmation de soi en disant « *Je* ».

Le Moi d'un enfant rassuré par un attachement sécurisant peut grandir, s'épanouir, se développer normalement. Son espace n'est pas limité par les contraintes de l'environnement. Il se développe sainement et l'enfant se sent encouragé à être lui-même. L'accueil et l'écoute qu'il reçoit de la part de ses parents créent un climat bienveillant propice à l'expression d'un Moi libre et spontané.

Quand le Moi véritable ne peut s'exprimer...

L'enfant est dans une grande demande affective. Face à un environnement qui ne manifeste pas ou peu son affection, ou qui se montre exigeant, l'enfant va faire preuve d'une suradaptation, persuadé que l'amour se mérite. La confrontation à des parents peu disponibles, absents, distants voire indifférents ou à l'inverse très présents mais d'une très grande exigence, ne sécurise pas l'enfant. Il est soit livré à lui-même, soit soumis à un modèle auquel correspondre. Comment alors être lui-même ? Le Moi devient soumis.

Les deux situations pourtant opposées vont créer les mêmes effets : l'enfant va s'adapter à son environnement de manière excessive. Une suradaptation qui est le résultat de la domination de la part adaptative sur la part authentique. Mais à trop s'adapter et à essayer de plaire à tout prix, on ne vit plus. On survit, car le Moi est totalement soumis.

Si l'on s'adapte trop à l'extérieur, l'intérieur – la part authentique – est lésé. Le Moi ne peut s'exprimer librement, d'où chez l'enfant et l'adulte qu'il deviendra, un refoulement de ses propres besoins, désirs, impressions, sensations, émotions, goûts, valeurs... La part authentique de la personnalité reste cloîtrée derrière la part adaptative qui prend toute la place. Avec comme conséquence, le fait de vivre toute situation avec une impression de fausseté. Le Moi a tellement dû se soumettre et s'adapter, que l'individu vit sans exister vraiment. Il se sent comme s'il jouait un rôle, un imposteur, un usurpateur, comme s'il avait volé l'identité d'un autre...

L'individu n'ose être lui-même. Il ne peut s'exprimer librement et franchir les limites permises. Cette posture soumise empêche la libération de l'élan créateur que tout individu a en lui dès la naissance et qui donne le sentiment de se sentir vivant, d'être acteur de sa vie. Mais pour être libéré, l'élan créateur a besoin d'un environnement et d'un attachement sécurisants.

Qu'est-ce que l'élan créateur ?

En tout individu, il y a un élan vital, une poussée fondamentale présente dès le début de la vie. On se sent porté, poussé, lancé dans le monde grâce à lui. Il faut voir cet élan comme une énergie, un souffle de vie, une sorte de courant électrique qui se diffuse aussi bien au niveau corporel que psychique. Il permet aussi la connexion entre corps et psyché. Cette énergie qui circule en lui pousse l'individu dans toutes sortes d'actions pour garantir son maintien en vie mais aussi son sentiment d'existence. Il se sent vivre, vibrer à travers cet élan pour bouger, manger, dormir, prendre soin de lui, de l'autre, faire l'amour, se reproduire...

Les êtres humains sont habités non seulement par un élan vital mais aussi par un élan créateur pour développer toutes sortes de réalisations, de situations, de relations. C'est ce qui a permis l'évolution humaine.

Elan vital et élan créateur sont liés. D'ailleurs l'être humain ressent une joie intense lorsqu'il crée, et c'est dans ces moments-là qu'il se sent pleinement vivant.

Heureusement, nous ne sommes pas tous intéressés par le même type de réalisations et il y a différentes familles de création : l'art bien sûr mais aussi le soin, l'enseignement, la recherche, la communication, la construction, l'entreprenariat, le service…

Des projets qui sont portés, accompagnés, poussés par l'élan créateur et aussi par des idéaux. La création est liée à l'expression d'un talent, d'une vocation, d'un don, d'une qualité et procure une joie profonde qui fait vibrer et rend la vie plus intense.

Lorsque les parents sont suffisamment à l'écoute de l'enfant, ils perçoivent chez lui un intérêt particulier, un goût naturel pour telle ou telle activité : physique (sport, danse, expression corporelle…) ; artistique (dessin, chant, musique, théâtre…) ; intellectuelle (lecture, histoire, sciences, écriture…) ou plus technique (informatique, mécanique, montage, construction…).

L'écoute de l'enfant et l'accueil de ses talents vont favoriser sa créativité et faire qu'il pourra s'inscrire dans une vie où il aura plus de satisfaction, de bonheur et tout simplement de joie à exister.

En revanche, si l'enfant est confronté à un environnement qui n'est pas suffisamment dans l'écoute ou l'accueil de ce qu'il exprime ou propose spontanément, il va négliger son élan créateur. Il se sent insécurisé car insuffisamment écouté, reconnu, encouragé. Il est tellement tourné vers l'extérieur et son environnement qu'il se coupe de lui-même. Une vie moins joyeuse, moins créative, moins intense, moins stimulante. L'adulte qu'il va devenir risque de développer alors des stratégies compensatoires. Comme les addictions qui amèneront une distraction, un ersatz de plaisir pour se consoler car au fond de lui il se sent malheureux et vide. Vide, comme s'il n'était pas présent à lui-même. Il s'est tellement senti négligé par l'environnement mais aussi par lui-même, qu'il ne vit plus vraiment. Un désintérêt pour soi à l'origine d'un désamour de soi...

Sentiment de vide et désamour de soi

La femme yoyo ne s'aime pas ou pas suffisamment. Elle est dans une quête d'amour absolu pour combler ce désamour de soi. Elle reste insatisfaite car aucun amour ne peut combler son manque affectif. C'est un puits sans fond.

On ne peut demander à l'autre ce que l'on ne peut faire pour soi. Et il faut s'aimer suffisamment pour accueillir l'amour de l'autre et pour avoir la capacité de vivre selon ses désirs. Mais la femme yoyo est plus à l'écoute des désirs de l'autre que de ses propres désirs. Coupée de son élan créateur, elle se sent vide. Vide d'elle-même et de ses goûts, de ses talents, de ses dons, de ses qualités mais aussi de ses désirs.

Alors elle cherche à se remplir de l'amour et des désirs de l'autre mais aussi de nourriture, substitut d'un attachement sécure qui a manqué. Une compensation pour se consoler, se distraire et combler le sentiment de vide.

FONCTIONNEMENT YOYO : UNE MANIÈRE DE COMBLER LE SENTIMENT DE VIDE

La femme yoyo n'a pas le sentiment d'exister vraiment. Elle a l'impression de passer à côté de sa vie. Un sentiment de vide qui l'envahit et la submerge parfois. Coupée de son élan créateur, la femme yoyo ne sait pas qui elle est vraiment. La part authentique de sa personnalité n'a pu s'exprimer. Son Moi n'a pu se développer, grandir, mûrir. C'est un Moi immature. Un Moi apeuré par le vertige auquel le confronte le vide. Lorsque l'élan créateur n'a pu s'exprimer, il y a un vide constitutif. « *Qui suis-je ?* », « *Qu'est-ce qui me fait vibrer ?* » « *Qu'est-ce que je veux créer, réaliser dans ma vie ?* »

La femme yoyo ne peut répondre à ces questions. La quête de perfection et de minceur lui procure un objectif qui vient remplir ce vide et donner un but à sa vie.

Mais une fois que le poids idéal est atteint, après quoi courir ? Réapparition du sentiment de vide. Alors la femme yoyo se remet à manger pour ne plus le ressentir et pour grossir. Avec les kilos qui réapparaissent, son objectif de minceur est à nouveau réactivé et redonne un but à son existence.

Pour la femme yoyo, grossir après un régime ne représente pas forcément un inconvénient au niveau inconscient. Bien sûr grossir après un régime est un phénomène physiologique que l'on pourrait qualifier de normal, puisque le corps a appris à fonctionner au ralenti, mais cette réaction peut être renforcée psychiquement de manière inconsciente. C'est un des multiples bénéfices inconscients du fonctionnement yoyo. Car la femme yoyo n'est consciente que de sa quête de minceur et de perfection, de son combat contre les kilos.

Mais sa prise de poids permet de faire repartir le yoyo tout comme le régime qui donne une impulsion dans le sens inverse. Cette agitation, cette course à la minceur l'occupe et vient remplir le vide de son existence. Même si la femme yoyo semble très occupée, aucun de ses projets ne vient la nourrir narcissiquement ni ne lui procure la joie véritable de la création. Elle se remplit de nourriture, de projets mais au fond d'elle, le vide est toujours là.

A chaque fois le yoyo repart de plus belle. Une oscillation dont elle se sent prisonnière. Elle ne se doute aucunement qu'inconsciemment c'est elle qui tient la ficelle de son yoyo. Grâce à son fonctionnement yoyo, elle arrive à s'occuper, à s'agiter, à donner un but à sa vie.

Le yoyo narcissique rend encore plus complexe ce fonctionnement binaire si particulier et en grande partie inconscient...

Le yoyo narcissique, qu'est-ce que c'est ?

La femme yoyo a un narcissisme vacillant, une faible estime de soi qui la renvoie à un sentiment d'impuissance et d'incompétence. C'est l'une des causes de sa recherche de perfection. La position de contrôle l'aide à inverser la tendance : grâce à son fonctionnement yoyo, elle prend le pouvoir et se sent toute-puissante en maîtrisant son poids, son image et ses émotions. Non seulement elle perd du poids, s'approche de la minceur et de la perfection mais elle évacue également son sentiment de vide et d'impuissance. Jusqu'à ce que tout s'écroule à nouveau...

Son perfectionnisme excessif est un objectif irréaliste, car elle ne peut maintenir son poids-minceur sur la durée du fait de restrictions alimentaires trop frustrantes. Mais la prise de poids l'aide aussi à lutter contre son impression d'avoir une vie vide de sens. Pour toutes ces raisons conscientes ou inconscientes, le contrôle alimentaire et le sentiment de toute-puissance qu'il produit ne peuvent être qu'éphémères.

Le désir de toute-puissance repose sur un socle de fragilité narcissique et un sentiment d'impuissance qui reprendra immanquablement le dessus à moment donné. Plus la femme yoyo recherche la toute-puissance plus elle devient vulnérable et renforce son sentiment d'impuissance. Mais elle ne le sait pas.

La perte de contrôle guette. Pressions inconscientes ou excès de frustrations, la femme yoyo a craqué et s'est lâchée sur la nourriture. Elle se sent coupable, misérable et même nulle, sentiment de vide et de nullité se confondant. Le yoyo narcissique est donc l'oscillation entre sentiment de toute-puissance et celui d'impuissance et de nullité. Avec la perte de contrôle, la sensation de vide est encore plus vertigineuse et effrayante. La gesticulation repart de plus belle. S'agiter afin de ne pas voir le vide.

Pour imaginer ce que peut ressentir la femme yoyo face à la panique que lui inspire le vide, on pourrait s'inspirer de ces personnages de dessins animés qui courent au bord d'un précipice. Ils sont propulsés dans le vide mais continuent de courir. C'est d'ailleurs tout le comique de la situation : ils ne chutent qu'à partir du moment où ils prennent conscience qu'ils sont dans le vide. Image arrêtée d'un corps qui reste en mouvement.

La femme yoyo se trouve en permanence dans cette gesticulation dans le vide, tout en ignorant qu'elle s'y trouve déjà. Plus elle gesticule, plus elle s'agite, plus elle ressent le vide. Elle brasse de l'air, elle brasse du vide.

Elle ne dispose de rien à quoi se raccrocher. Elle cherche désespérément à se saisir d'un repère stable auquel s'agripper. Mais les repères auxquels elle s'agrippe sont des mirages, des illusions : recherche de perfection, de contrôle, de toute-puissance, de grandeur...

Elle s'empare alors de son yoyo. Grâce à lui, elle organise sa gesticulation. Un va-et-vient entre contrôle et perte de contrôle. L'alternance, le va-et-vient vont l'occuper. Surtout ne pas voir le vide. Elle agite de plus belle son yoyo.

Vite un régime pour retrouver le contrôle et la toute-puissance. Non ! Manger afin d'anesthésier les émotions, de ne plus ressentir ce sentiment de vide et de reprendre du poids. Non du sport pour modeler ce corps et le rendre parfait... La femme yoyo est ballotée par les oscillations de son fonctionnement yoyo et ses objectifs paradoxaux. Elle s'agite pour ne pas ressentir ce vide et, paradoxalement le ressent encore plus intensément...

Difficulté à s'affirmer quand l'élan créateur n'est pas libéré

Plus la femme yoyo recherche la toute-puissance, plus elle s'éloigne du sentiment d'existence et se sent vide et impuissante. C'est un cercle vicieux. Le sentiment de vide est consécutif au barrage qui a été fait à son élan créateur. C'est la partie la plus vivante, la plus authentique, la plus créatrice de soi.

Lorsque j'évoque la libération et l'expression de l'élan créateur, il ne s'agit pas de création artistique, même si cela peut en faire partie, mais de la réalisation de soi comme d'une création unique qui nous appartient en propre. Vivre de manière créative stimule le sentiment d'existence. Non seulement on peut être soi-même mais à travers cette authenticité, on se sent pleinement vivant et libre.

Mais la femme yoyo ne se reconnaît pas dans la personne qu'elle représente, qu'elle donne à voir. Sa position de contrôle, et notamment le contrôle des émotions qu'elle anesthésie la rend indifférente aux événements qu'elle vit.

Les sensations, les émotions, les impressions guident une existence. Si on les empêche de s'exprimer, l'existence perd tout son sens. On ne se reconnait pas, on ressent un sentiment d'étrangeté vis-à-vis de soi-même.

Comment s'aimer lorsque l'on ne sait pas qui l'on est vraiment ?

Ce désamour de soi augmente le sentiment de vide de la femme yoyo. Et la difficulté qu'elle a à repérer ses désirs, à faire des choix et à s'affirmer, n'arrange rien.

Enfant, elle cherchait tellement à plaire à ses parents, qu'elle n'a pu s'affirmer face à eux. Pas de confrontation, ni d'expression de la part authentique de la personnalité mais une hyperadaptation aux exigences et aux désirs parentaux. Elle a donc adopté une position de soumission.

Peut-être les parents étaient-ils eux-mêmes carencés narcissiquement et comptaient sur leur fille pour les restaurer en exigeant d'elle les meilleurs résultats ?

A moins qu'elle ne les ait sentis fragilisés et n'ait pas osé s'opposer à eux. Parents trop exigeants ou parents fragilisés, ces tendances qui pourraient paraître antagonistes, ont pourtant la même origine et sont le signe de failles narcissiques. Comme si l'enfant devait réparer le narcissisme de ses parents qui, d'ailleurs, ne sont sans doute pas conscients de la mission dont ils le chargent. N'oublions pas que le narcissisme de l'enfant prend racine dans le narcissisme des parents.

Les désirs du bébé, de la petite fille et de l'adolescente n'ont pas été entendus. Elle était dans l'incapacité même de les exprimer n'ayant pas un environnement suffisamment sécurisant et à l'écoute pour l'aider à les repérer. Elle s'est donc chargée de satisfaire les désirs parentaux et de coller au modèle imposé.

Il se peut aussi que la fragilité narcissique et le manque de confiance en soi des parents soient dus à un contexte particulier, isolement social, maladie, dépression, situation économique et socio-professionnelle précaire à la suite d'une perte d'emploi, d'une faillite ou encore peut-être à des circonstances dramatiques comme un deuil ou la perte d'un membre de la famille... Alors la petite fille s'est adaptée.

Face aux autres, la femme yoyo a du mal à s'affirmer car elle est restée dans cette posture d'hyperadaptation. Ce qui explique aussi sa recherche de toute-puissance et de contrôle lorsqu'elle n'en peut plus de se sentir soumise au désir de l'autre. La femme yoyo est très changeante, non seulement en raison des oscillations de son yoyo, mais aussi parce qu'elle cherche à s'adapter aux différents milieux dans lesquels elle évolue, jusqu'à perdre toute authenticité. En raison de ses difficultés à s'affirmer et à trouver sa place, elle s'adapte tellement, qu'elle a parfois l'impression de jouer un rôle et ressent un sentiment d'imposture...

La femme yoyo, une usurpation d'identité

Lorsque la part intime et authentique de la personnalité reste dissimulée et que l'élan créateur ne peut s'exprimer librement, le sujet ressent une impression de fausseté voire d'illégitimité. C'est ce qu'éprouve la femme yoyo. Elle n'a pas eu l'opportunité d'exprimer sa véritable nature en raison d'un environnement qui n'était pas suffisamment à son écoute. Elle a dû tellement se soumettre et s'adapter, qu'elle vit sans exister vraiment. Elle se sent comme si elle jouait un rôle, comme si elle avait volé l'identité d'une autre. En réalité elle n'a rien volé. C'est elle au contraire qui a été spoliée car sous la contrainte de l'environnement, sa véritable identité n'a pu s'exprimer. Mais elle ne le sait pas. Aussi est-elle devenue très habile dans l'esquive, dans la dissimulation. C'est une question de survie.

Le paradoxe est omniprésent dans le fonctionnement yoyo. La femme yoyo est constamment à la recherche de son authenticité, de la part intime et profonde de sa personnalité, mais parallèlement elle met en place des stratégies pour saboter toute avancée vers la vérité. Elle musèle, barricade cette part d'elle-même pour survivre car les autres ne doivent pas s'apercevoir de l'imposture. Elle se sent nulle. Elle confond sentiment de vide et de nullité. Un sentiment de nullité qu'il faut dissimuler. La dissimulation est vitale, sinon la femme yoyo est totalement vulnérable et à la merci de l'autre. La peur de l'empiètement et de l'envahissement renforce la barricade derrière laquelle il faut se cacher.

Il faut se cacher, esquiver, camoufler, se barricader, se sauver. Cette barricade est le refuge contre l'angoisse d'emprise et d'intrusion que ressentent la plupart des femmes yoyo. Sinon c'est la "désintégration" totale.

La femme yoyo éprouve un sentiment d'imposture et dissimule son ressenti de détresse et d'urgence qui est en partie inconscient. D'ailleurs, la femme yoyo peut même passer pour l'opposé de celle qu'elle est en réalité. Eh oui, on peut être drôle sans être gaie. La femme yoyo peut se montrer spirituelle et ironique et, même manifester une certaine assurance. Une assurance de façade, celle de son personnage. Elle se sent très souvent en décalage entre ce qu'elle semble affirmer et ce qu'elle ressent vraiment. Elle joue un rôle, ce qui bien évidemment rend difficile l'affirmation de soi.

Pour s'affirmer, il faut être au clair avec ce que l'on désire mais aussi avec ce que l'on ne désire pas et en faire part à l'autre en conservant une bonne relation avec lui. La femme yoyo n'a pas appris à le faire.

Quand elle n'en peut plus de tricher, de jouer, d'esquiver, elle fuit. Elle change de milieu, d'amoureux, d'amis, de métier… Elle s'est tellement dissimulée derrière son personnage qu'elle n'en peut plus de tricher. Si elle triche, c'est qu'elle est persuadée qu'on ne peut l'aimer pour ce qu'elle est. Elle se sent insignifiante et sans intérêt.

Pour paraître enfin intéressante, elle construit un personnage qui colle au désir qu'elle croit deviner chez l'autre. Comme elle l'a sans doute fait avec ses parents. Une attitude de soumission qui répond à son angoisse d'abandon. Tout faire pour que l'autre reste. Cela lui demande tellement d'efforts que parfois c'est elle qui part.

La femme yoyo, intelligente mais immature psychiquement
Lorsque l'environnement n'est pas suffisamment protecteur et rassurant, le bébé et l'enfant se mettent à épier tout ce qui se passe autour d'eux. Ils deviennent hypervigilants. L'hypervigilance provoque une maturation précoce. Il y a urgence car l'environnement est insuffisamment sécurisant. L'enfant ne se sent pas en confiance. L'angoisse face à la défaillance de l'environnement le plonge dans une grande détresse. Sentiment d'urgence, accélération, hyperadaptation... l'enfant comprend dans un réflexe de survie qu'il doit se débrouiller. La solution : s'adapter à ces parents qu'il faut tenter de comprendre pour réussir à se faire aimer d'eux. Car l'enfant confond attachement insécure et manque d'amour, il se sent tout autant insécurisé que malaimé. Et en vient à la conclusion qu'il n'est pas aimable et qu'il doit tout mettre en œuvre pour être aimé…

Cette croissance psychique trop rapide sera stoppée nette. Si la confrontation à un environnement insuffisamment sécurisant a été un accélérateur de maturité au début, il va constituer un barrage à la progression du développement psychique. Car le processus de séparation-individuation est empêché, pas d'autonomie possible. A la place, un réflexe d'agrippement. L'hypervigilance est un mécanisme qui est un accélérateur de croissance car il concentre tous les efforts sur l'activité cérébrale, mais il demande beaucoup d'énergie. Toute l'énergie est donc concentrée au niveau de la tête qui prend le dessus sur le corps. Dans ces conditions, la connexion entre le corps et le psychisme ne peut s'établir, le corps est totalement écarté, comme oublié.

D'où chez la femme yoyo un manque d'appartenance du corps et une incapacité à l'écouter, à le comprendre et à l'accepter. Comme nous l'avons déjà vu au chapitre du "yoyo pondéral".

L'enfant se coupe de son corps pour se concentrer sur l'observation de son environnement. L'hypervigilance est une défense par intellectualisation. L'activité cérébrale est surinvestie. Mais il ne faut pas confondre intelligence et maturité psychique. On peut être intelligent mais immature psychiquement. Ce ne sont pas les mêmes circuits. L'activité intellectuelle peut même représenter une défense derrière laquelle peut se protéger un narcissisme fragile et défaillant, un Moi immature. Le sujet tente de se rassurer grâce à des prouesses intellectuelles aux allures de barricades.

Le psychisme, au lieu de se connecter au corps, développe une défense par intellectualisation de tout ce qui est vécu. L'identité ne se trouve plus alors dans le corps puisqu'il est déconnecté. Cette intellectualisation augmente encore le sentiment de vide.

Le Moi pour se développer sainement doit être connecté au corps pour ressentir, entendre, écouter, accueillir les émotions, les impressions, les sensations, les besoins.

Le contrôle de la pensée s'est installé très tôt chez la femme yoyo. C'est ce qui a empêché la part authentique de sa personnalité et son élan créateur de s'exprimer. Car l'élan créateur et la part intime de la personnalité ont une inscription corporelle et ont besoin tout autant de la connexion entre le corps et le psychisme que du sentiment de sécurité intérieure pour s'exprimer librement.

Même la réussite ne guérit pas d'un narcissisme fragile

Certaines femmes yoyo, en raison de leur manque de confiance en elles, ont pu connaître une scolarité très courte. La précocité intellectuelle et la douance ne sont pas forcément des facteurs de réussite scolaire. D'autres, poussées par l'ambition parentale, se sont lancées dans de longues études. Malgré l'obtention d'un ou de plusieurs diplômes prestigieux elles doutent de leurs compétences. Professionnellement, si certaines femmes yoyo végètent à des postes très en-deçà de leurs capacités, d'autres en revanche ont réalisé un parcours couronné de succès.

Pourtant, ce succès a un goût d'échec. Pourquoi ? Parce que cette réussite apparaît comme illégitime. La femme yoyo est persuadée, de manière inconsciente, qu'elle n'a pas droit au succès. Ce n'est pas vraiment elle qui réussit, elle joue un rôle. Il n'y a pas de sentiment d'appartenance, de reconnaissance à travers ce succès, elle ne s'y reconnait pas. Elle ne se voit pas, ne se réalise pas dans cette réussite. Elle ressent au contraire une impression de fausseté : ce n'est pas sa part authentique et son élan créateur qui s'expriment à travers cette réussite, mais son identité d'emprunt, le personnage derrière lequel elle se dissimule. C'est-à-dire la part adaptative, celle qui chez elle, s'est construite dans une hyperadaptation et une position de soumission à l'environnement.

Pour certaines femmes yoyo, cette réussite sociale ne s'inscrit pas dans une réalisation d'elles-mêmes, de leur désir, mais du désir de l'autre, du désir des parents ou de ce que la société considère comme une réussite. La réussite, qu'elles n'arrivent pas à s'approprier, peut même laisser un goût d'échec. Car ce succès est basé sur une imposture. La part authentique et intime de leur personnalité étant étrangère à cette réussite, c'est comme si ce succès ne leur revenait pas. En plus, ces projets, ces réalisations ne les font pas vraiment vibrer car ils ne sont pas portés par l'élan créateur, une vocation, un talent ou un intérêt particulier et naturel. Etait-ce vraiment leur choix d'orientation de faire de telles études et un tel parcours ? Elles ont l'impression que tout s'est enchaîné sans qu'elles puissent réaliser vraiment ce qui leur arrivait et avoir une prise sur la réalité.

Un succès sans plaisir, car il n'est pas porté par le désir et l'élan créateur mais par un agrippement à un savoir, à des compétences et par le mimétisme à d'autres personnes qui ont également connu gloire et réussite. Le sentiment d'imposture va mener certaines femmes yoyo à minimiser l'ampleur du succès, voire à l'occulter, le dénier et même nourrir un sentiment d'échec.

Pour d'autres, c'est la fuite en avant. Elles se mettent en danger pour que l'on découvre enfin l'imposture et qu'elles puissent se libérer. La fuite peut prendre des allures de conduites autodestructrices, d'auto-sabotage. Et la gestion de la relation aux autres, aussi bien avec les supérieurs hiérarchiques qu'avec les subordonnés, est rendue complexe en raison des difficultés d'affirmation de soi. Une mise en danger, une attitude inappropriée que l'extérieur va percevoir comme une dégringolade sociale. Chute dans le vide... La construction identitaire et celle du succès reposant sur du vide.

Pendant un temps, il se peut aussi que la femme yoyo tente désespérément de s'approprier cette réussite. Le Moi devient grandiose, le narcissisme se gorge, se gonfle tel un ballon de baudruche, d'un sentiment de toute-puissance et de supériorité. Cela va accentuer le décalage, l'impression de fausseté face au sentiment intime de vide et de nullité. Explosion en plein vol, la chute est encore plus vertigineuse.

D'autres femmes yoyo peuvent choisir de partir, de fuir. Elles ressentent beaucoup de mépris pour cet environnement, parfois composé d'experts, qui a validé leur réussite. Un peu comme si elles avaient réussi à tous les berner car ils ont consacré et salué une réussite basée sur une imposture. Vite s'enfuir, quitter ce milieu, aller vers un ailleurs…

Elles pensent que s'échapper est la solution. Elles étouffent et n'en peuvent plus de cette imposture. Elles en ont assez de tricher et de faire semblant de s'épanouir dans un milieu qui leur semble de plus en plus hostile et qui leur rappelle un vécu d'empiètement très lointain. Cette fuite ne peut qu'échouer puisque le geôlier, le responsable de leur enfermement est une partie d'elles-mêmes.

D'où les conduites d'addiction pour échapper à la réalité et à cette partie de soi qui étouffe l'autre partie, celle qui ne goûte pas au succès mais à l'échec. Elles peuvent ainsi changer plusieurs fois de voies, une instabilité professionnelle qui renforce le sentiment d'insécurité intérieure.

Ce sont quelques-uns des scénarii possibles lorsque la part adaptative étouffe, barricade, emprisonne la part authentique et intime de la personnalité, empêchant l'élan créateur de s'exprimer.

D'autres femmes yoyo restent et continuent de jouer le jeu mais leur milieu leur semble de plus en plus hostile et les responsabilités, écrasantes. Ce qui peut les mener au surmenage et au burn-out.

Qu'elles subissent leur environnement professionnel ou s'agitent, fuient, changent sans cesse de parcours, nombreuses sont les femmes yoyo à être dans l'insatisfaction car elles n'ont pas le sentiment de se réaliser vraiment. Ce qui augmente bien évidemment le risque de dépression ou de burn-out...

Le yoyo narcissique vient s'ajouter aux autres yoyos et rend encore plus complexe ce fonctionnement si particulier de la femme yoyo.

6.
YOYO RELATIONNEL OU LA RELATION À L'AUTRE DE LA FEMME YOYO

LA FEMME YOYO, ENTRE FUITE ET FUSION

La femme yoyo a du mal à trouver sa place. Elle a une relation à l'autre complexe, paradoxale. S'il est absent, il lui manque comme s'il l'avait abandonnée. S'il est présent, elle étouffe et se sent envahie comme s'il prenait toute la place. La distance n'est jamais la bonne. Il faut dire que les demandes de la femme yoyo ne sont pas claires…

D'ailleurs, elle-même n'est pas réellement consciente d'avoir une relation à l'autre paradoxale. Son manque affectif et sa difficulté à s'affirmer font qu'elle oscille entre avidité et rejet de l'autre. Une relation à l'autre similaire à sa relation à la nourriture : alternance de manque et de trop plein, de fuite et de fusion.

UN BON NARCISSISME, UNE GARANTIE POUR UNE RELATION À L'AUTRE DE BONNE QUALITÉ

Narcissisme, monde intérieur, maison psychique
Lorsque le développement narcissique connaît une évolution structurante, il permet la constitution de tout

un monde intérieur fait de pensées, de fantasmes et de rêveries.

Cette construction débute dès la naissance et s'organise à travers la relation à l'environnement. L'enfant rassuré par un entourage sécurisant est en capacité de laisser s'exprimer son élan créateur. Il prend conscience de qui il est vraiment mais aussi de ce qu'il aime, de ce dont il a envie et de ce qu'il aime moins. Cette distinction l'aide à mieux se connaître, à se différencier des autres, à développer un monde intérieur riche et sécurisant qui le protégera du sentiment de vide. La constitution de ce monde intérieur donne une base solide au Moi de l'enfant et de l'adulte qu'il va devenir. C'est comme s'il se construisait une belle et solide maison psychique.

Une maison psychique où le Moi aime se retrouver

Un bon narcissisme permet la construction d'une maison psychique. Un espace intime où il est possible de se poser pour se retrouver avec soi-même. On peut s'isoler un moment et profiter de cette tranquillité et de ces retrouvailles avec soi pour rêver, penser, imaginer, créer. Le Moi ne se sent pas opprimé, il a une maison où il aime se retrouver. Cet espace intérieur permet donc la libération de l'élan créateur et l'expression de la part authentique de la personnalité.

Capacité d'être seul dans sa maison psychique

La construction d'une maison psychique solide et confortable est rendue possible grâce au développement de la capacité d'être seul. Car pour construire son espace intérieur, il faut être capable de se détacher de l'extérieur et de supporter la solitude. Pour cela, l'environnement doit se montrer sécurisant. L'ambiance extérieure va donner la tonalité de l'atmosphère du monde intérieur.

Tout commence par la mise en place de rituels. Grâce aux rituels, le bébé arrive à anticiper ce qui va lui arriver puisqu'il l'a déjà vécu. Par exemple, en entendant l'eau du robinet couler, il sait, il sent qu'il va prendre son bain. Le vide, l'inconnu sont sources d'angoisse, de stress et de peur. Une relation de totale confiance aux parents est nécessaire pour développer sa propre confiance en soi et au monde. Cette stabilité affective une fois acquise rend possible de nouveaux scénarii.

Peu à peu, le bébé est capable de supporter l'attente. Ce temps d'attente va servir à la création de la maison psychique, une construction intérieure portée par l'élan créateur. Le bébé se sent en confiance, il sait que sa mère ne va pas tarder. Cette confiance le libère de l'angoisse d'abandon. Il lui est alors possible de vivre la solitude dans un climat serein et de plonger dans son intériorité pour rêver, imaginer, créer.

Apprendre à se séparer pour vivre la solitude en toute sérénité

Vivre la solitude sereinement est une étape fondamentale pour faire connaissance avec soi et construire sa maison psychique. Il faut être surtout capable de se séparer de l'autre sans que cette séparation soit vécue comme un arrachement ou un effondrement. La capacité à se séparer et la solitude sereine viennent renforcer la solidité intérieure. On peut se séparer, on sait que l'on est un être différencié car malgré la séparation on reste entier.

Qu'est-ce que cela veut dire ? Tout simplement que l'on se perçoit comme un être unique, différent, car séparé de l'autre. Un sujet avec des projets, des choix, des désirs qui lui sont propres.

Et ce processus commence très tôt grâce à la capacité que développe le bébé à pouvoir supporter l'attente et la solitude. Il met cette expérience à profit pour faire connaissance avec son élan créateur, il n'est pas anéanti par l'inquiétude. Le sentiment de sécurité intérieure lui offre la possibilité d'attendre paisiblement le retour de l'autre. Il est alors dans une complétude avec lui-même.

Lorsque la solitude n'est pas vécue comme inquiétante mais au contraire comme une expérience créatrice et enrichissante, cela permet au Moi de grandir et de s'épanouir. Le processus de séparation-individuation continue son chemin grâce à l'expérimentation de la solitude sereine.

Grâce à cette capacité à se séparer tout en restant entier, le sujet devient conscient de son identité. Il trouve facilement sa place, il n'empiète pas sur l'espace de l'autre ni se sent envahi par lui.

PAS DE MAISON PSYCHIQUE SOLIDE SANS SENTIMENT DE SÉCURITÉ INTÉRIEURE

La construction d'une maison psychique solide et protectrice n'est possible qu'à la condition d'avoir pu exprimer son élan créateur et, pour cela, d'avoir développé un sentiment de sécurité intérieure et une capacité à être seul. Ces étapes sont possibles uniquement si l'environnement s'est révélé suffisamment sécurisant et non intrusif.

Car lorsque la part adaptative opprime la part authentique, c'est-à-dire quand l'individu s'est construit à partir d'une relation de dépendance et de soumission à l'environnement, la maison psychique prend des allures d'habitat précaire.

Un narcissisme fragile ne permet pas la construction d'une maison psychique solide car la base est instable. Aucune construction ne peut tenir sur un terrain instable, fragile et insécure.

On vit alors la solitude comme un abandon. Elle n'est pas une expérience profitable pour aller à la rencontre de soi. Lorsque l'on n'a pu construire de maison psychique solide, le monde intérieur n'est ni stable, ni rassurant. Il est anxiogène et ressemble à un squat psychique…

Narcissisme fragile, le squat psychique

Squat : « *occupation sans droit, ni titre* », nous dit le dictionnaire. Un espace sans limite où il n'y a pas de place clairement définie. C'est un habitat précaire et insécurisant, sans aucune intimité et dans lequel on ne se sent pas protégé. A tout moment, quelqu'un peut faire irruption. C'est ce que l'on ressent lorsque l'on dispose d'un narcissisme fragile, que l'on n'a pas eu accès à la part authentique de sa personnalité, ni au sentiment de sécurité intérieure. L'élan créateur n'a pu construire de maison psychique confortable et rassurante.

Un individu insécurisé ressent en permanence une inquiétude latente, comme s'il pouvait être délogé et ne plus avoir de place à lui.

Le sentiment d'insécurité intérieure donne l'impression de vivre dans toutes sortes de précarité : affective, relationnelle, sociale, économique, professionnelle. Même si dans la réalité, on se trouve dans une situation confortable et que l'on est loin de risquer une quelconque expulsion. Le sentiment de sécurité intérieure n'est pas le résultat de possessions matérielles, c'est un sentiment intime qui vient des profondeurs de soi.

L'incapacité à goûter au plaisir d'un confort pouvant procurer satisfaction et aisance, est liée à un sentiment de précarité et d'insécurité intérieures.

Sans monde intérieur riche et sécurisant, sans maison psychique, l'individu ressent angoisse et sentiment de vide. Il n'a pu libérer son élan créateur, aller à la rencontre de lui-même, connaitre ses désirs et ce qu'il aime vraiment. Comment alors atteindre le plaisir véritable ?

Lorsque l'on est doté un narcissisme fragile, tout semble précaire et empêche de savourer et d'accéder au plaisir, à la légèreté, à l'insouciance, au bien-être, même si matériellement tout est là.

FONCTIONNEMENT YOYO, SQUAT PSYCHIQUE ET INCAPACITÉ D'ÊTRE SEULE

La femme yoyo a un narcissisme fragile, elle n'a pas de maison psychique solide mais un habitat précaire, un squat psychique. Quand l'autre est présent, elle peut se sentir squattée, envahie. Quand il est absent, elle se sent abandonnée. C'est elle alors qui devient squatteuse et se met à envahir l'autre. Des restes de l'hypervigilance qu'elle pratiquait, enfant, face à des parents dont elle redoutait l'absence. Squatteuse ou squattée, ces deux attitudes paradoxales sont la conséquence de deux angoisses antagonistes : l'angoisse d'abandon et l'angoisse d'emprise et d'intrusion.

Squatter l'autre par peur d'être abandonnée
Lorsque l'on n'a pas de maison psychique confortable et rassurante, d'intériorité solide, si l'autre s'absente, on se sent abandonné car la solitude est alors vécue dans l'inquiétude et l'angoisse. Sans narcissisme solide et maison psychique rassurante on ne se sent pas entier, pas de sentiment de complétude avec soi-même mais avec l'autre, d'où le sentiment d'abandon lorsque cet autre s'éloigne. Ce qui explique aussi le sentiment de vide de la femme yoyo, n'étant pas connectée à son élan créateur et à la part authentique de sa personnalité, la femme yoyo reste dans une dépendance à l'autre. Elle demeure cette petite fille inquiète agrippée son environnement. Elle est en permanence à la recherche de toute personne, produit ou comportement qui lui permette de combler le vide, le manque qu'elle ressent au fond d'elle.

Cette dépendance affective pousse la femme yoyo à réclamer toujours plus d'attention. Lorsqu'elle se sent frustrée, elle se met alors à épier l'autre, à le squatter. Elle ne se sent entière que grâce à l'autre, comme si elle ne faisait qu'un avec lui. Cette absence de limite perturbe la relation. Il y a confusion comme si l'autre était un prolongement d'elle-même. La relation prend des allures de fusion, d'agrippement. Son sentiment d'insécurité et son incapacité à être seule l'ont empêchée de vivre la solitude comme une opportunité pour apprendre à se séparer, à se différencier et à intégrer des limites avec l'autre. Cette indifférenciation et cette absence de limites sont des prédispositions au squat psychique.

Pour certaines femmes yoyo, le squat psychique peut aller jusqu'à la relation toxique. Elles sont dans un tel manque affectif et dans une telle quête de reconnaissance, qu'elles cherchent à se rendre indispensables, à aider l'autre à tout prix jusqu'à se sacrifier. Sacrifier leur propre épanouissement et accepter ce qu'elles auraient dû refuser : cette quête les amène à répéter une relation de soumission. Une répétition dont elles n'ont pas conscience.

L'autre est souvent tout aussi dépendant qu'elles (personnalité fragile ou dépressive ou sujette à des dépendances diverses, alcoolisme, toxicomanie, addiction aux jeux, au sexe, au travail, au sport...).

La femme yoyo ne l'a pas choisi au hasard cet autre qui, comme elle, ne connait pas l'altérité. Ils se squattent mutuellement, se sentent frustrés l'un par l'autre, mais ne peuvent se séparer. Ils ont besoin de l'autre pour exister, car ils se reconnaissent dans cette relation de dépendance et de soumission. Cette relation répète la relation d'agrippement aux parents à partir de laquelle s'est construite la femme yoyo, et sans doute cet autre tout aussi dépendant qu'elle. Une relation d'interdépendance toxique.

Le yoyo relationnel, qu'est-ce que c'est ?

Le paradoxe est au cœur du fonctionnement yoyo, une oscillation qui ballote la femme yoyo entre deux perceptions antagonistes de sa relation à l'autre. Ainsi, l'autre apparait autant comme un protecteur que comme un intrus-squatteur lorsque la relation devient étouffante ou que l'autre semble trop proche.

La femme yoyo a tellement peur de décevoir et de se sentir rejetée qu'elle s'évertue à plaire à tout prix. Comme si elle cherchait à ce que l'autre vienne approuver, acquiescer, cautionner la personne qu'elle est. Elle-même ne sachant pas qui elle est vraiment...

Elle cherche donc à être rassurée par l'autre. La contrepartie de cette position fait qu'elle lui donne un pouvoir, une sorte d'ascendance qui provoque par moment un sentiment d'intrusion. Le yoyo relationnel est donc cette oscillation entre la recherche d'une proximité voire d'un collage, d'une fusion à l'autre et l'envie de fuir et de s'éloigner lorsque le rapprochement avec l'autre devient intrusif.

Dans son attitude paradoxale, la femme yoyo recherche le regard, l'avis, l'approbation de l'autre dans une complétude avec lui. Une complétude avec l'autre qu'elle souhaite tout autant qu'elle la redoute. Car l'autre à ce moment-là réveille une autre de ses angoisses, l'angoisse d'emprise et d'intrusion. Vite s'en libérer, fuir, s'échapper…

Quand le yoyo met des limites, plus de squat psychique
La femme yoyo arrive à se libérer du squat psychique grâce à son yoyo : la nourriture ou les règles restrictives de son régime. Elle crée ainsi une barrière avec son environnement. La barrière-yoyo, à défaut de pouvoir poser des limites, va créer la distance qui n'existe pas entre elle et l'autre.

Manger ou penser à son régime, la plonge dans une sorte d'indifférence relationnelle et crée un rempart pour se protéger de la présence de l'autre. Elle ne pense plus qu'à manger ou à ne pas manger, ce qui renforce sa dépendance à la nourriture et au régime.

Comme tout sujet dépendant, la femme yoyo ressent en permanence un sentiment d'insécurité intérieure et de vide, la présence de l'autre est nécessaire. Elle vient combler le vide et la rassurer. Toutefois, si le rapprochement avec l'autre la rassérène et éloigne l'angoisse d'abandon, il ravive l'angoisse d'emprise et d'intrusion. Cette présence devient intrusive, mais pas de manière permanente, plutôt fluctuante dans un crescendo fusionnel. Comme si la relation se resserrait comme un étau, jusqu'à l'étouffer. Elle pense alors à manger ou à ne pas manger, se lance dans des calculs de calories ingérées ou éliminées. Des préoccupations totalement dédiées à son yoyo qui la coupent de l'autre et des autres.

Une bulle qui, chez certaines femmes yoyo, signifie une recherche d'autosuffisance. L'autre n'existe plus, il est dénié. D'où parfois l'impression d'indifférence et de froideur qu'elles peuvent produire lorsqu'elles deviennent ainsi distantes. Cette attitude en tout ou rien, de rejet ou de fusion, les autres n'y comprennent souvent rien. Ce qui peut pousser certaines femmes yoyo à s'isoler davantage, voire à partir et à rompre la relation.

Si le fonctionnement yoyo permet de mettre une distance à l'autre, il en va de même pour le surpoids.

Les kilos-carapace pour éviter la relation amoureuse...
Même si de manière consciente la femme yoyo est à la recherche du grand amour et souhaite trouver l'âme-sœur, de manière inconsciente elle redoute que cette rencontre ait lieu. N'oublions pas que le sujet dépendant est autant à la recherche d'une personne ou d'un objet idéal que dans la fuite de tout lien. Se lier à l'autre c'est augmenter le risque de se sentir abandonnée ou sous son emprise.

Toutes les femmes yoyo se voient grosses, et en raison de ce surpoids réel ou imaginaire, elles ne se sentent pas désirables. Et si de manière consciente elles souhaitent s'en débarrasser, inconsciemment certaines l'entretiennent car il forme une carapace qui les protège de l'autre. La peur d'être abandonnée ou d'être sous l'emprise de l'autre les empêche d'aller à sa rencontre et de vivre une relation amoureuse. Ces kilos "protecteurs" même s'ils sont détestés, elles ne sont pas prêtes de les lâcher. C'est aussi pour cette raison qu'aucun régime ne peut marcher. D'ailleurs, certaines femmes yoyo célibataires sont persuadées que c'est le surpoids qui les éloigne de l'amour, alors qu'elles font sans doute tout pour ne pas le rencontrer.

Ne pas tomber amoureuses est également une manière de rester fidèles à leur enfance et de ne pas grandir. Inconsciemment, elles restent l'enfant de leurs parents et conservent la relation d'agrippement qui les relie à eux. Encore un bénéfice qu'elles tirent de ce fonctionnent yoyo qui leur échappe et dont elles ne sont pas conscientes…

Etre mère plus que femme

D'autres femmes yoyo sont en couple et leur surpoids joue pour elles le même rôle de barrage que dans la situation précédente. Les témoignages de désir de la part de leur compagnon ou conjoint ne les rassurent aucunement. Elles n'aiment pas leurs corps. Pour elles c'est un objet de dégoût et elles ne comprennent pas qu'il puisse être l'objet de désir.

Si, pour certaines femmes yoyo, le couple est basé sur une relation de dépendance, comme nous avons pu le voir précédemment, pour d'autres, leur surpoids les arrange afin de mettre une distance entre elle et leur conjoint. Elles ne se sentent pas désirables et sont dans un refus de féminité et de sexualité.

La sexualité représente pour elles un acte agressif qui ravive leur angoisse d'intrusion. Certaines refoulent leur féminité et se consacrent pleinement à leur rôle de mère. Ne se sentant pas entières, elles éprouvent un sentiment de complétude à travers la fonction maternelle. Elles sont également dans une relation de dépendance. Dans cette configuration, ce n'est pas leur conjoint qui en fait les frais mais leurs enfants. Elles répètent ce même mode relationnel qu'elles connaissent depuis la prime enfance, la relation d'agrippement. Elles sont agrippées à leur rôle de mère et à leurs enfants aussi, qui risquent à leur tour d'être piégés dans ce mode relationnel.

7.
UNE INSÉCURITÉ INTÉRIEURE EN HÉRITAGE

Pour de nombreuses femmes yoyo, le fonctionnement yoyo s'est mis en place à l'adolescence. L'adolescence est une période transitoire qui débute à la puberté, un moment où le corps se transforme. Les comportements et les attitudes changent aussi. L'enfant grandit.

ADOLESCENCE, CRISE ET QUESTIONNEMENTS EXISTENTIELS

L'adolescence est une période d'incertitudes et de questionnements sur l'avenir et la personne que l'on va devenir. L'ado remet en question ses parents et leurs valeurs. Il cherche à s'affirmer, à émettre son avis, à afficher sa différence, à parler en son nom... Bref à s'approprier sa subjectivité, à devenir un sujet autonome et indépendant. C'est une phase structurante même si cela peut passer par des conflits, un mal-être et un sentiment de déprime.

Pour certains, la crise et la confrontation à l'autorité seront manifestes, voyantes et bruyantes. Pour d'autres, les conflits seront moins perceptibles par l'entourage…

ADOLESCENCE, INSTALLATION DU YOYO

C'est ce qui s'est passé pour la plupart des femmes yoyo : elles ont tout gardé pour elles. Certaines ont peut-être exprimé leur mal-être mais ne se sont pas senties entendues, comprises. Alors, comme pour celles qui sont restées silencieuses, le corps est devenu le réceptacle de leurs doutes, de leurs peurs, de leur colère, de leur angoisse. Le fonctionnement yoyo s'est alors mis en place, soit en mangeant pour se réconforter ; soit en entamant un régime pour reprendre le contrôle de ce corps qui venait de subir les transformations propres à la puberté. Quelle que soit la tendance, manger ou ne pas manger, nourriture ou régime, la future femme yoyo est déjà dans une posture de contrôle : de son alimentation, de ses émotions et de son corps. Tout en restant mesurée, car le fonctionnement yoyo n'est pas aussi bruyant et visible que la boulimie ou l'anorexie, ces deux autres troubles alimentaires débutant aussi majoritairement à l'adolescence.

Entrée plus tardive dans le fonctionnement yoyo
Si pour beaucoup de femmes yoyo, l'adolescence a été une porte d'entrée dans le fonctionnement yoyo, pour d'autres la découverte du yoyo s'est faite plus tard. Pour elles aussi, le yoyo a fait son apparition lors d'une crise, d'une période de transition, de changement, d'hésitation… Il peut s'agir du choix des études ou d'orientation professionnelle, de l'entrée dans la vie active, du départ du domicile parental, d'un échec, d'un projet qui n'aboutit pas et auquel il faut renoncer ou bien d'une séparation, d'un divorce, d'un deuil, de la perte d'un être cher ou même de la naissance d'un enfant.

Toute période de fragilité, de bouleversement, de séparation ou de changement confronte à un remaniement interne et psychique, à une crise existentielle en quelque sorte. Il s'agit de quitter l'organisation qui était en place et d'en créer une autre, avec d'autres paramètres. Une période de transition et de remise en question comme peut l'être l'adolescence où il faut parvenir à se dégager de l'enfance pour avancer, évoluer et devenir peu à peu adulte.

GRANDIR, UNE SUCCESSION DE CRISES

Les crises existentielles sont en quelque sorte des seuils qui permettent de passer d'un âge ou d'un statut à un autre. Si l'adolescence est la première dont le sujet soit conscient en raison de l'intensité du remaniement et des questionnements qui l'assaillent, d'autres crises l'ont précédées. Comme par exemple celle du sevrage, où le bébé doit quitter le giron maternel ; l'arrivée en crèche ou dans tout autre mode de garde, où l'enfant est confronté à une importante expérience de séparation ; la naissance d'un petit frère ou d'une petite sœur, l'enfant devant alors faire face à une réorganisation de la dynamique familiale. Puis l'entrée à l'école maternelle, primaire, collège. Une succession d'étapes qui sont aussi des petits moments de crise où il faut lâcher certains repères et supporter des séparations avec l'environnement. La manière dont l'enfant vit ces événements donne la tonalité émotionnelle. Affronte-t-il la nouvelle étape avec la curiosité et le désir de grandir et de devenir autonome ou, à l'inverse, dans la crainte et l'insécurité ?

LA CRISE : UNE OPPORTUNITÉ POUR RESTER CONNECTÉ

Il faut bien comprendre que ces périodes de remaniements sont fondamentales pour se construire, se connaître et se considérer comme un sujet entier et différencié. Elles marquent les différentes étapes du développement psychique et du processus de séparation-individuation. Quand tout se passe bien, la crise est structurante et le sujet, autant le bébé que l'enfant ou l'ado, gagne en autonomie. Et l'adulte qu'il deviendra conservera cette même attitude dynamique lorsqu'il sera à nouveau confronté à ces moments de remaniement psychique et de réorganisation de sa vie. Il arrive ainsi à rester connecté à lui-même en accueillant ses émotions mais aussi ses doutes et ses désirs. Il sait alors quel sens donner à sa vie. Il arrive à se poser les bonnes questions et à se donner le temps nécessaire pour y répondre. Il est en capacité d'attendre sans chercher à combler au plus vite le vide auquel le confronte ses questionnements.

Le sentiment de sécurité intérieure, fondamental pour affronter la crise

Ces crises sont existentielles car elles font écho à des peurs liées au fait même d'exister. Ces peurs ont un caractère universel car elles sont ressenties par tout être humain en venant au monde. Il s'agit de voir la naissance comme un passage d'un état à un autre. Le bébé passe brusquement d'un milieu confiné, chaud, protecteur à un environnement illimité. Il fait froid, le corps n'est plus maintenu et cela provoque des sensations inconnues jusque-là comme celle de sombrer dans le vide. Les peurs existentielles sont liées à ce passage, à cette confrontation soudaine au vide et aux ressentis qu'elle peut provoquer comme la peur de mourir, de ne plus exister au sein d'un tout, de se dissoudre dans l'univers, de disparaitre mais aussi celle de ne plus être protégé, d'être seul et abandonné…

La manière dont le bébé est accueilli est alors capitale. Se sent-il contenu dans un corps à corps rassurant avec sa maman ? A l'inverse, est-il confronté à l'absence de limites, de contact chaleureux ou au vide ?

Ce premier passage va forcément laisser une empreinte. Et les crises existentielles qui surviendront par la suite provoqueront la réminiscence de ce vécu originel et des émotions qu'il a provoquées. Enfin tout dépend de la manière dont auront été traversées les autres étapes, passages d'un statut à un autre déjà évoqués comme le sevrage, la naissance d'un autre enfant, l'arrivée en crèche ou plus tard, l'école…

La solidité d'un attachement sécurisant à l'environnement est alors indispensable pour traverser ces crises. Et un accueil un peu maladroit à la naissance peut être rattrapé par une sécurité affective qui s'est consolidée peu à peu. Au niveau psychique et affectif, tout est rattrapable et un enfant rassuré peut développer un sentiment de sécurité intérieure. Car même le petit enfant, de manière inconsciente, est déjà soumis à des questionnements existentiels. « *Vais-je conserver ma place ?* », « *Va-t-on continuer à m'aimer ?* », « *Va-t-on préférer mon petit frère ou ma petite sœur ?* »,

LA VIE, UNE SUITE DE QUESTIONNEMENTS...

Toute crise confronte au vide. Les questionnements sont en attente de réponses. La solidité et la sécurité intérieures se révèlent alors fondamentales. La constitution d'une intériorité, d'un monde intérieur sécurisant, est essentielle pour affronter les changements et les remaniements auxquels tout individu sera confronté tout au long de sa vie. Cela va l'aider aussi à supporter l'attente et le vide, le temps qu'il trouve ses propres réponses aux questions : « *Qui suis-je ?* », « *Qu'est-ce que j'attends de la vie ?* », « *Qu'est-ce qui me fait vibrer ?* », « *Quels projets mettre en place pour me sentir exister et m'épanouir ?* »...

C'est ainsi que l'on reste connecté à son être profond et que l'on arrive à faire face à l'attente entre les questionnements et les réponses. Ce temps de latence provoque un vide qui réactive les peurs existentielles. Mais grâce à l'élan créateur, on arrive à les transcender. Les peurs se transforment alors en énergie créatrice. Ce qui explique que les crises puissent représenter des opportunités pour rester connecté, se sentir exister, mais aussi pour élaborer une dynamique créatrice.

Mais pour cela, il faut s'écouter et accueillir ses émotions...

La maison psychique, le bon endroit pour trouver
les bonnes réponses

Si le sujet a pu construire une maison psychique solide et rassurante, il peut prendre un peu de recul face aux événements, s'isoler afin de plonger dans son monde intérieur, s'écouter, prendre en considération son ressenti, ses émotions, ses doutes, ses peurs mais aussi ses désirs et trouver ainsi les réponses à ses questionnements existentiels.

Dans cette maison psychique sécurisante, il peut se retrouver dans une complétude avec lui-même et laisser s'exprimer son élan créateur et la part authentique de sa personnalité. On est alors du côté de la vie !

Grâce à l'instauration d'une relation dynamique avec soi-même, d'un questionnement sur ses envies et ses désirs, on reste acteur de sa vie et créateur de sa destinée. Mais le plus important est que l'on se sente vivant ! Le sentiment d'existence ne peut être ressenti que si l'on est connecté à soi et si l'on peut libérer son élan créateur.

Mais cette attitude active et créatrice nécessite d'avoir développé un sentiment de sécurité intérieure, une capacité à être seul, à se séparer et à se différencier des autres.

LE FONCTIONNEMENT YOYO, UNE STRATÉGIE D'ÉVITEMENT

Si les crises existentielles sont des périodes favorables pour grandir, se construire, évoluer, elles confrontent l'individu à un tourbillon émotionnel, une agitation, une tension, une instabilité, un mal-être voire un état de déprime.

La réalité le pousse à quitter un statut ou une organisation pour en trouver d'autres car l'équilibre ne tient plus, d'où le sentiment d'inconfort et de mal-être.

Ce changement, cette mutation provoque un bouleversement émotionnel en raison de tous les questionnements qui surgissent et qui sont nécessaires pour évoluer et mettre en place une nouvelle organisation.

Pour la future femme yoyo, les questionnements existentiels sont restés sans réponses car la crise a été contournée, évitée grâce au yoyo "salvateur" qui a fait son apparition. Elle a adopté une stratégie d'évitement, celle de son personnage de survie.

La femme yoyo, un personnage de survie
Le personnage de survie entre en scène à un moment critique, durant une période de vulnérabilité. Pour se protéger, la femme ou la jeune fille adopte cette personnalité en tout ou rien oscillant entre deux tendances opposées. Elle se sent vulnérable, incapable d'accueillir les émotions et de répondre aux questionnements existentiels auxquels elle est confrontée. Du coup, les obsessions paradoxales autour de la nourriture et de la minceur, du personnage de survie que représente la femme yoyo vont l'occuper. Cela crée un objectif et surtout comble le vide.

La femme yoyo s'est construite dans une position de soumission et d'agrippement à l'environnement. Totalement tournée vers l'extérieur, elle n'a pu se créer un monde intérieur sécure et rassurant. Incapable de se séparer, elle est dans une complétude avec l'autre et non avec elle-même. Elle ne sait pas qui elle est vraiment. Comment alors répondre aux questionnements qui l'assaillent sur l'avenir et l'adulte qu'elle va devenir ?

Elle était tellement soucieuse de correspondre au modèle imposé par les parents ou qu'elle pensait deviner chez eux, qu'elle s'est totalement oubliée. Les besoins et les désirs parentaux ont primé sur les siens. Interroger son intériorité la confronte au vide, au néant et ravive ses peurs existentielles et son angoisse d'abandon. C'est à ce moment-là qu'elle va se saisir du fonctionnement yoyo. Avec lui, plus de solitude ni de vide...

Cette attitude défensive fait barrage au sentiment d'existence et à la vie tout simplement. La femme yoyo est donc un personnage de survie qui répond à un programme, le fonctionnement yoyo, qui ne laisse pas le choix de ce que l'on vit. Il est constitué d'attitudes réflexes et de passages à l'acte.

Le yoyo : le prolongement d'une stratégie de survie qui remonte à très loin

On ne devient pas une femme yoyo par hasard. C'est une stratégie pour combler un vide existentiel. La crise et les émotions qui en découlent sont évitées, contournées car la future femme yoyo est dans l'impossibilité de les affronter. Aucune plongée dans son intériorité n'est possible : son monde intérieur est trop anxiogène. Elle n'a pas pu se construire de maison psychique solide et rassurante, il n'y a que du vide. Grâce au fonctionnement yoyo, elle va contourner les questionnements, combler le vide et se créer une bulle.

Pas de connexion avec soi ou avec l'élan créateur, juste une agitation pour ne pas voir le vide. A partir de là, c'est à son yoyo qu'elle restera agrippée...

Le fonctionnement yoyo est une stratégie d'évitement qui se met en place au plus tôt à l'adolescence, mais il vient en écho à des peurs d'un passé bien plus lointain.

Car le bébé, la petite fille et l'adolescente ne se sont pas sentis suffisamment écoutés, protégés par leur environnement.

Le personnage de survie sert de bouclier aux blessures du passé qui sont à l'origine de croyances limitantes comme « *Je suis faible...* », « *Je suis nulle...* », « *Je ne vais pas y arriver...* », « *Je ne suis pas à la hauteur...* », « *Si je ne corresponds pas au modèle imposé, on ne va plus m'aimer...* »

Car pour l'enfant, cela n'a pas de sens de ne pas se sentir accueilli, écouté, accepté tel qu'il est. Il ne peut attaquer ses parents, les rendre responsables. Et pour sauvegarder cette relation qui est vitale, il retourne contre lui-même ce sentiment de mal-être par le biais des croyances limitantes. Il s'inscrit déjà dans la survie. Il sauvegarde le lien avec son environnement, mais c'est un lien aliénant, un lien d'agrippement.

Dans une relation dynamique à deux, chacun existe pour lui-même. On peut supporter la solitude et l'absence de l'autre. On a le choix, il ne s'agit pas d'aliénation.

Dans l'agrippement, on n'est pas connecté à soi, on ne ressent que du vide à l'intérieur, de la peur. Pour survivre, on s'agrippe et on donne le pouvoir à l'autre. La contrepartie de toute cette stratégie est que l'on provoque une dévalorisation de soi, en raison des croyances que l'on a développé pour donner un sens au non-accueil d'un environnement insécurisant.

La relation aux parents a bien évidemment un impact dans le développement d'un scénario de femme yoyo puisqu'elle est à l'origine des prédispositions à un tel fonctionnement : incapacité à être seule, à se différencier et à se séparer de l'autre, incomplétude, dépendance affective, perfectionnisme, hypersensibilité, désamour de soi, difficultés à mettre des limites, manque de confiance et d'estime de soi, impatience et manque de persévérance, relation au corps perturbée...

Quelles sont les causes d'une telle insécurité ? Les parents la ressentaient-ils eux-aussi ? Qui sont vraiment les parents de la femme yoyo ?

LES PARENTS DE LA FEMME YOYO

Parents absents psychiquement, trop exigeants, possessifs
ou trop aimants : une même insécurité

Comme nous l'avons vu au fil des chapitres, la femme yoyo a pu être exposée à diverses dynamiques familiales. Il a pu s'agir d'une distance affective entre elle et ses parents qui semblaient préoccupés, ailleurs, et lui accordaient peu de temps et d'attention (problèmes professionnels et/ou économiques, crise existentielle, dépression, maladie…). Ils étaient présents physiquement mais absents psychiquement car peu disponibles pour leur fille. Ce qui explique qu'elle ait pu ressentir un sentiment d'abandon.

A l'inverse, elle a pu recevoir beaucoup d'attention de la part de ses parents, mais il n'y avait aucune distance entre elle et eux, aucun espace de liberté pour exprimer sa véritable identité. Des parents attentifs mais trop exigeants. Le climat est là aussi insécurisant car l'amour est donné sous condition. Pas un amour gratuit, inconditionnel, il fallait le mériter. Les exigences qui pesaient sur elle ont pu être nombreuses : résultats, performance, excellence…

A moins que la "mission" de la petite fille ait pris une toute autre tournure : soutien moral ou affectif de ses propres parents. Elle a pu même être missionnée dès le départ, voire avant sa naissance. Elle n'a pas été désirée pour elle, mais pour ce qu'elle représentait, comme si elle se devait de combler un vide. Selon l'histoire familiale, elle a peut-être été conçue pour prendre la place d'un parent adoré et disparu, ou bien encore d'un frère, d'une sœur, ou encore d'un enfant qui la précédait dans la fratrie, et dont la disparition était insupportable.

Il se peut aussi que la mission ait été de ressouder un couple parental qui allait mal... On devine l'angoisse d'emprise et d'intrusion qu'elle a pu ressentir très tôt.

Dans une autre configuration familiale, il est possible que les parents aient été attentifs, présents mais le climat général ne s'est pas révélé plus rassurant que dans les situations précédentes. Les parents se sont montrés inquiets, angoissés, stressants et ont transmis malgré eux leur inquiétude. Ils n'avaient pas particulièrement d'exigences, mais comme ils n'arrivaient pas à gérer leurs émotions, elle les a reçues massivement, créant une inquiétude chez elle aussi. Ce stress a déclenché, comme dans les situations précédentes, un réflexe d'agrippement.

Quelle qu'ait pu être l'attitude des parents, la petite fille qui risque de développer plus tard un fonctionnement yoyo a ressenti très tôt un sentiment d'insécurité intérieure. Qu'elle se soit sentie abandonnée, incomprise, utilisée ou exposée à de grands stress, l'attachement s'est révélé insécurisant.

Ces situations pourtant très différentes témoignent toutes d'un dysfonctionnement familial et d'une attitude inadaptée de la part des parents en raison sans doute d'une insécurité et d'une grande détresse...

L'ENFANT MISSIONNÉ : ENFANT THÉRAPEUTE, ENFANT SOIGNANT, ENFANT ANTIDÉPRESSEUR

Certains parents au lieu de se déprimer, se saisissent de leur enfant pour se soigner, aller mieux, combler un manque affectif ou un vide dans leur existence. Et comme les enfants comprennent tout…

L'enfant comprend qu'il doit satisfaire les demandes de ses parents sinon l'équilibre familial, qu'il sent déjà précaire, risque d'être totalement déstabilisé. Son sentiment d'insécurité intérieure le pousse à se soucier plus de ses parents que de lui-même. Il se peut aussi qu'il devienne le confident d'un des parents, voire des deux, comme s'il était leur thérapeute.

Manque affectif chez l'un des parents

Un parent en souffrance dans son couple peut chercher à combler son manque affectif auprès de son enfant. Ne se sentant pas désiré, le parent cherche à combler son propre désir par une relation fusionnelle avec l'enfant qui peut ainsi être pris en otage. Une sorte de kidnapping affectif et psychique. L'enfant comprend que son parent a besoin de lui, de son amour, de son soutien. Le parent ne se sentant pas satisfait dans sa vie, au lieu de se déprimer et de chercher une solution à ses frustrations, utilise son enfant qui devient en quelque sorte son antidépresseur. « *Heureusement tu es là…* », « *Qu'est-ce que je deviendrais sans toi…* ». Le parent s'agrippe à son enfant qui va répondre sur le même mode à cette sollicitation. S'en suivra un agrippement mutuel, une incapacité chez l'enfant à se séparer, à se libérer de l'emprise parentale. Il ne pourra élaborer de processus de séparation-individuation.

L'enfant conseiller conjugal

L'enfant peut aussi être pris à partie lors de mésentente au sein du couple parental. En être témoin est déjà une souffrance pour lui, mais il se peut que les parents, ou seulement l'un d'eux, le choisisse comme confident de manière plus ou moins consciente. Il peut y avoir toute une gradation dans les phrases assassines... « *Ton père ne m'écoute jamais...* », « *J'ai bien peur que ton père aille voir ailleurs...* », « *Ta mère aime compliquer les choses, c'est une coupeuse de cheveux en quatre...* », « *Ta mère est très exigeante. Rien ne peut la satisfaire, j'ai laissé tomber depuis longtemps...* »

Les frustrations parentales risquent de contaminer les pensées de l'enfant qui ne sera plus disponible pour se centrer sur ses propres expériences et développer un bon narcissisme. Ces critiques auront non seulement un impact négatif sur le regard que l'enfant portera sur le ou les parents, mais aussi sur lui-même puisqu'il s'identifie à eux.

Il y a transgression de la part des parents, aussi bien pour celui qui prend l'enfant comme confident que pour celui qui laisse faire. Quand ce ne sont pas les deux qui prennent l'enfant comme confident ou témoin. Ils mettent l'enfant à une place qui n'est pas la sienne, comme s'ils étaient tous trois de la même génération. Les parents lui font jouer le rôle de médiateur conjugal ou de réceptacle de leurs frustrations respectives. L'enfant est utilisé, abusé psychiquement. Il est "adultifié". Avec cette emprise parentale, on comprend aisément l'angoisse d'intrusion que peut ressentir l'enfant...

La femme yoyo et sa mère : une relation un peu particulière

De nombreuses femmes yoyo ne sont pas dans une dépendance à leurs deux parents mais à leur mère seulement. Un agrippement qui peut prendre des allures de lune de miel ou de guerre de tranchées. La colère ne sépare pas, elle est juste un autre moyen d'exprimer une relation fusionnelle. Trop de mère, pas assez de père ?

La mère aurait-elle une plus grande responsabilité dans le scénario de femme yoyo dans lequel s'est engagée sa fille ?

Le fonctionnement yoyo est le résultat d'un dysfonctionnement familial, d'un environnement qui ne s'est pas révélé suffisamment protecteur et rassurant pour l'enfant. *Nota.* Il n'y a pas de responsable et encore moins de coupable. Ce sont des parents en difficulté, eux-mêmes sans doute dans une grande insécurité. Mais comme la mère est en première ligne et dans une grande proximité avec l'enfant, il se peut qu'elle soit "l'accusée" ou "la coupable idéale".

Mais les choses sont peut-être plus complexes. Il s'agit de voir la mère plutôt comme une médiatrice, une passeuse. Tout passe par elle : l'histoire familiale qu'elle a elle-même subie, la relation de couple et la manière dont son compagnon, mari ou ex, s'engage dans la parentalité, s'y investit ou pas, et comment. Le père se présente-t-il comme quelqu'un de différent ? Est-il capable de séparer la mère de son enfant, d'apporter la triangulation ?

La relation mère-enfant n'est qu'une partie de la dynamique familiale. S'il y a trop de mère dans l'espace psychique de l'enfant, c'est le signe d'un dysfonctionnement familial plus généralisé. Peut-être s'agit-il de parents immatures qui n'ont pas réussi à établir un climat sécurisant au sein de leur couple et de leur famille ? Sans doute le résultat de transmissions de fardeaux issus des générations précédentes…

Une insécurité intérieure transmise de génération en génération

Les parents sont sécurisants et rassurants pour leur enfant s'ils ressentent un sentiment de sécurité intérieure.

Une sécurité intérieure qu'ils ont reçue eux-mêmes de leurs parents...

Un drame familial peut par exemple empêcher la transmission d'un sentiment de sécurité. A la place, est transmise la souffrance du traumatisme. Un héritage douloureux très souvent légué de manière inconsciente. Ce n'est pas l'événement lui-même qui a rendu insécure l'environnement familial, mais la façon dont il a été vécu par les différents membres. L'épreuve la plus douloureuse peut être surmontée et dépassée si elle est pensée, mise en mots et verbalisée. Elle est ainsi "dit-gérée".

Ce sont les non-dits, les secrets, les douleurs et les drames restés sous silence ou déniés qui créent les traumatismes, non seulement pour la génération qui est confrontée au drame, mais aussi pour les générations suivantes. Résultat : un sentiment d'insécurité intérieure qui empêche de devenir autonome psychiquement et un narcissisme vacillant dont la réparation de manière inconsciente risque d'être exigée auprès de la génération suivante.

"Dit-gérer" l'histoire familiale

Même si toutes les histoires familiales sont complexes, il y en a certaines qui le sont plus que d'autres. Parfois il ne s'agit pas de secret mais de semi-secret. On a eu accès à des bribes qui peuvent sembler confuses mais qu'il est nécessaire d'éclaircir, de creuser.

Drames de la vie, suicide, mort brutale, crime, délit, pertes financières, faillite, alcoolisme, disparition, abandon... Il peut s'agir aussi d'un sentiment de honte qui se répercute de génération en génération. Un sentiment transmis tel quel ou masqué par une course à l'excellence, stratégie pour se débarrasser de ce legs encombrant. Cet héritage transmis insidieusement, de manière inconsciente est parfois en lien avec une autre époque, une autre société : naissance hors mariage, avortement, liaison secrète, enfant naturel... Les non-dits ont un effet dévastateur. Car l'enfant ressent le malaise. A partir de ces émotions, il risque de se charger d'un fardeau qui ne lui appartient pas et qui peut l'encombrer toute sa vie.

Parfois, il n'y a pas de secret. Tout est dit mais à un âge où comprendre, élaborer, digérer, mettre une distance est difficile. Cette exposition trop précoce laisse forcément des traces.

Les parents sont également victimes de l'histoire familiale qu'ils ont reçue en héritage. Ces transmissions inconscientes laissent des traces au niveau psychique et émotionnel. Manque d'assurance, inquiétude latente qui les empêchent de développer un bon narcissisme et les mettent en difficulté pour suffisamment sécuriser leur enfant. Une fragilité narcissique et un sentiment d'insécurité intérieure transmis de génération en génération...

PARENTALITÉ INTERNE : PARENTS SÉCURISÉS, PARENTS SÉCURISANTS

Mère et père, des fonctions plus que des personnes
Comme je l'ai déjà évoqué, lorsque je parle des parents, il s'agit surtout du rôle qu'ils jouent auprès de l'enfant. Mère et père représentent ici des fonctions parentales plus que des personnes réelles.

Par exemple, lorsque je parle de la fonction maternelle, il s'agit surtout de la manière dont l'enfant va être accueilli à la naissance. Il peut s'agir de la mère biologique ou de toute autre personne qui doit être capable d'accueillir le bébé en se rendant totalement disponible pour lui. Le bébé dépasse ainsi les peurs existentielles liées à la naissance. C'est aussi à travers cette relation fusionnelle que le bébé fait l'apprentissage de l'intimité. Grâce à cette fusion le bébé prend conscience de son corps à travers les sensations et les émotions qu'il ressent. Comme le lien est suffisamment proche et sécurisant, il n'a pas peur. Il a besoin de cette proximité pour se sentir accueilli, rassemblé, rassuré. Il peut ainsi plonger dans son intériorité et commencer à construire sa maison psychique. La fonction maternelle instaure un mouvement qui va vers l'intérieur.

Plus tard, l'adulte qu'il deviendra sera capable de tisser des liens intimes et heureux puisqu'il l'a déjà vécu et ressenti. Il en garde des traces dans son psychisme ainsi que dans sa mémoire corporelle et émotionnelle.

Si personne n'a pu tenir ce rôle et installer une fusion de qualité, cela peut donner des adultes qui seront en difficultés pour être en lien avec eux-mêmes et pour créer un lien intime avec l'autre.

Ces personnes vont peut-être développer des compensations, des addictions pour combler ce manque, ce vide qu'elles ressentent au fond d'elles. Elles ne se sentent ni rassemblées dans leur corps ni connectées à leur intériorité. Comme la femme yoyo...

Si le bébé, dans les premiers mois de sa vie, a besoin de se sentir accueilli grâce à une relation fusionnelle, cette fusion doit prendre fin. Le tiers séparateur aide le bébé à "défusionner" grâce à l'expérience de l'altérité. Et l'adulte qu'il deviendra sera capable de s'affirmer, de dire «*Je*», de se sentir unique et différent, d'aller de l'avant et de découvrir le monde. La fonction paternelle instaure un mouvement qui va vers l'extérieur.

Si cette relation avec le tiers séparateur a fait défaut, cela donne des personnes qui ont des difficultés à s'affirmer, à aller vers les autres, à trouver leur place, à s'adapter et auront peut-être même tendance à se suradapter pour compenser. Comme la femme yoyo…

L'enfant doit avoir accès à ces deux fonctions parentales – maternelle pour aller vers l'intérieur et paternelle vers l'extérieur – afin de se construire et de devenir autonome.

Mère et père sont ici des fonctions, des archétypes symboliques, qui peuvent être assurés par d'autres personnes que les parents, ou même par un seul parent. En cas d'absence de l'un des parents, c'est à celui en charge de l'enfant d'assurer alors les deux fonctions. Etre d'une totale disponibilité dans un premier temps ; puis dans un deuxième temps, créer, installer une distance avec l'enfant, en s'ouvrant vers l'extérieur avec le désir de s'épanouir au delà de son rôle de parent. L'enfant va sentir ce mouvement vers l'extérieur, comme si le parent l'invitait à s'ouvrir au monde. On devine que cette double charge soit par moment difficile à porter par une seule personne. Quand un parent est sous pression, il y a augmentation des risques chez l'enfant de déclencher un réflexe d'agrippement.

Parents biologiques, parents de substitution ou parents isolés… l'environnement doit se révéler suffisamment rassurant afin que l'enfant puisse développer également un autre processus : la parentalité interne.

Parentalité interne : être un bon parent pour soi

Lorsque l'enfance est préservée, cela signifie que le statut et la place de l'enfant sont respectés. Il ne se sent ni missionné, ni abandonné. Les parents jouent leur rôle de manière conjointe et complémentaire et l'enfant se sent protégé. La réassurance parentale est une enveloppe protectrice au sein de laquelle l'enfant peut grandir sereinement. Il peut traverser les différentes étapes du développement qui mènent à l'autonomie et à la maturité psychiques mais aussi à la parentalité. Il a connu la fusion, mais en est sorti grâce à l'expérience de l'altérité.

Dans un cadre rassurant, l'enfant s'identifie à des parents sécurisés. Cette sécurité intérieure les rend sécurisants. Il se reconnait en eux, et parallèlement intègre la fonction parentale qu'ils exercent tous deux vis-à-vis de lui. Il s'agit de la parentalité interne. Des parents rassurants sont des parents qui savent consoler leur enfant. En intégrant le mode d'emploi de la consolation, l'enfant va développer cette capacité à se consoler lui-même, à se rassurer. Il apprend à rassurer sa part-enfant.

En tout individu, il y a l'enfant, l'adolescent et même le petit bébé qu'il a été. Etre autonome psychiquement, c'est atteindre la maturité psychique et développer la part-parent en soi, la parentalité interne. Elle est la partie rassurante de la personnalité qui interagit avec les autres parts de soi : elle console le bébé, rassure le petit enfant, calme et apaise l'adolescent.

Le premier enfant dont on a la responsabilité, c'est l'enfant que l'on a été et qui est encore en soi. Etre un bon parent pour soi, c'est avoir la capacité à accueillir l'enfant en soi, à contenir ses angoisses et à pouvoir ainsi le consoler. La parentalité s'acquiert par le biais de l'identification, non seulement aux parents, mais à la fonction parentale qu'ils exercent tous deux, de manière différente auprès de l'enfant. Encore faut-il qu'eux-mêmes y aient eu accès... La parentalité interne est une fonction psychique qui précède le "devenir parent" dans la réalité.

Elle se met en place petit à petit et fait partie des différents processus qui mènent à la maturité psychique.

Parents insécurisants : pas de parentalité interne
On peut supposer que les parents de la femme yoyo n'ont pas eu l'opportunité de développer une parentalité interne. Ne sachant se consoler, se rassurer eux-mêmes, ils sont dans l'incapacité de le faire pour leur enfant. Parentalité interne et sentiment de sécurité intérieure sont liés. Parents trop exigeants, absents, indifférents, ou trop présents, stressants, envahissants et intrusifs... Aucun n'a eu accès à la parentalité interne. Certains exigent même de leur enfant qu'il les soigne. Bien sûr, c'est une requête inconsciente qu'ils formulent malgré eux, à travers leur ressenti de détresse. Car il s'agit évidemment de transmissions inconscientes.

La parentalisation de l'enfant, c'est lui faire jouer le rôle du parent aimant, rassurant qui sait consoler et qui a cruellement manqué, mais aussi du parent qu'on n'a pas à l'intérieur de soi.

L'enfant n'est pas là pour restaurer le narcissisme parental, consoler ou combler un quelconque vide chez les parents. Les processus de consolation, de restauration et de réparation ne sont structurants que s'ils vont dans un sens : des parents vers l'enfant, jamais dans le sens inverse.

D'ailleurs, l'enfant dans son rôle de "thérapeute", s'adresse à la part-enfant du parent. C'est comme s'ils s'étaient reconnus. Une reconnaissance inconsciente de psychisme à psychisme. Un enfant qui sent la détresse psychique d'un autre enfant.

Quand des bébés font des bébés...

La naissance d'un enfant fait remonter à la surface les parts de l'enfance en soi. C'est d'ailleurs en retrouvant le petit bébé en soi, que le parent devine ce que ressent son enfant. La mère peut ainsi s'identifier à son petit et lui procurer le soin dont il a besoin. Quand tout se passe bien, la parentalité interne permet de rééquilibrer la tendance, de prendre en charge sa part-bébé et d'assurer la fonction parentale auprès de son enfant.

Chez certaines femmes qui n'ont pas eu accès à la parentalité interne, la part-bébé en elles peut devenir envahissante au moment où elles deviennent mères. Pour ces mamans psychiquement immatures, il y a confusion entre le ressenti de leur part-bébé et le bébé de la réalité. Elles vont se trouver en difficulté face aux pleurs de leur bébé. Que faire ?

Imaginez un bébé face à un autre bébé...

Dans le "face-à-face bébé", les pleurs de l'un vont provoquer des pleurs chez l'autre. Pour certaines femmes, materner leur bébé, c'est surtout l'empêcher de pleurer afin de ne pas se mettre à pleurer avec lui. Empêcher que ne pleure leur part-bébé... C'est pour éviter de revivre leurs angoisses infantiles – les peurs existentielles – qu'elles vont systématiquement proposer de la nourriture à leur bébé, cherchant à le réconforter. Elles l'empêchent de pleurer en lui donnant toujours plus, parfois jusqu'à le gaver. Une relation basée sur le gavage alimentaire et sur un gavage affectif : la relation fusionnelle. Cette relation fusionnelle n'est pas structurante, le climat émotionnel étant trop anxiogène.

Le bébé est pris dans les filets des angoisses maternelles. Le sentiment d'emprise peut démarrer très tôt.

Ces mères n'ont pas pu développer de parentalité interne. Insécurisées, elles ne savent pas rassurer, consoler ni leur part-bébé, ni leur enfant. Elles ne lui transmettent pas de sécurité intérieure ni de mode d'emploi de la consolation. Elles le gavent de nourriture, de leurs angoisses et d'elle-même. Maman en détresse, envahissante, laissant peu de place à son bébé…

L'accès à la parentalité interne risque d'être empêché pour l'enfant lui-aussi. Enfin tout dépend de la réaction du père…

La parentalité interne, fondamentale pour exercer la fonction parentale

En face comment réagit le père ? Cela dépend s'il a eu accès ou non à la parentalité interne. Si c'est le cas, il va se montrer sécurisant aussi bien pour son bébé que pour la maman qu'il va rassurer sur ses capacités. Peu à peu, il va trouver sa place. La relation fusionnelle prendra fin grâce la triangulation et le bébé pourra accéder à sa parentalité interne et sortir de la relation d'emprise avec la mère.

Il en va tout autrement si le père n'a pas eu accès à la parentalité interne. Face à la relation fusionnelle qui réunit la mère et le bébé, il va se sentir exclu, il n'arrivera pas à trouver sa place. Le petit garçon en lui est jaloux, meurtri, il se sent rejeté. Le père risque de s'exclure davantage et de ne pas créer de véritable relation avec son enfant, de ne pas s'impliquer dans son éducation. L'enfant risque alors de développer une angoisse d'emprise à l'encontre de la mère et une angoisse d'abandon vis-à-vis du père.

Les scénarii sont multiples, l'immaturité et la détresse parentale pouvant s'exprimer de différentes façons.

Dans le "face-à-face bébé", il se peut aussi que les pleurs de l'un effraient l'autre. La maman en difficulté peut se sentir persécutée par les pleurs de son bébé. C'est sa part-bébé qui n'est pas prise en charge par la parentalité interne, elle est terrorisée et se sent persécutée. Au lieu d'entrer dans une fusion avec son bébé, la mère va mettre de la distance, une distance émotionnelle. Elle se coupe ainsi des émotions que ressent son enfant, mais aussi de ses propres émotions exprimées par sa part-bébé. Indifférence émotionnelle, mère froide et distante...

Là aussi, l'évolution de la situation dépend de l'accès ou non du père à la parentalité interne. S'il y a eu accès, le père se montre rassurant. Il va créer une enveloppe psychique et affective pour aider la maman à se rapprocher de son bébé. Ce sont bien évidemment des mécanismes inconscients qui ne sont perceptibles que par le biais des émotions exprimées. La maman rassurée peut s'engager plus sereinement dans sa maternité.

Si le père n'a pas eu accès à la parentalité interne, on devine que les événements prendront une toute autre tournure. Face à la distance affichée de la mère, le père peut se sentir envahi par une angoisse, comme si toutes les responsabilités parentales reposaient uniquement sur ses épaules. Le petit garçon en lui peut s'en sentir incapable. Lui aussi va marquer une distance pour se protéger.

Il se peut aussi que le père soit le seul en difficulté et que lui seul n'ait pas eu accès à la parentalité interne. La mère assure un maternage de bonne qualité. La distance avec son enfant est juste, une mère ni trop envahissante, ni trop distante. La part-bébé en elle l'aide à comprendre ce que ressent son bébé, à distinguer ses différents ressentis. Sa parentalité interne est rassurante, aussi bien pour sa part-bébé que pour le bébé de la réalité qui est rapidement apaisé. Mais également pour le père, il va être rassuré et le petit garçon en lui aussi. Peu à peu, grâce à la fonction parentale qu'il va exercer auprès de son enfant, il peut développer une parentalité interne qui prendra en charge ses vécus de l'enfance et il pourra s'engager plus sereinement dans la paternité.

Bien sûr, dans la réalité les choses ne sont pas aussi évidentes ni aussi schématiques. Mais ces quelques situations démontrent qu'il s'agit d'une dynamique triangulaire et que les difficultés d'un parent peuvent être rattrapées par l'autre parent. Il y a alors une plus grande probabilité que l'enfant accède à la maturité psychique et développe une parentalité interne.

Cela laisse supposer que, peut-être, aucun des deux parents de la femme yoyo n'ait atteint ce stade. Ils n'ont pu s'aider mutuellement, étant tous deux en difficultés dans leur rôle parental. A moins qu'il n'y ait eu qu'un seul parent pour assurer les deux fonctions parentales. On comprend facilement la détresse et le sentiment d'insécurité qu'il a pu ressentir à supporter seul ces responsabilités.

Les parents étaient peut-être eux-mêmes pris au piège d'une relation problématique avec leurs propres parents ou dans leur histoire de couple. Cela démontre aussi que le bébé ou l'enfant qui deviendra une femme yoyo n'a trouvé personne d'autre dans son environnement pour pallier les défaillances parentales et pour assurer les fonctions maternelle et paternelle.

Comme nous venons de le voir à travers ces quelques illustrations, il faut trois générations pour constituer le lit psychique des troubles alimentaires. Le fonctionnement yoyo répond à une défaillance dans la relation de la femme yoyo avec ses parents, et de ceux-ci avec leurs propres parents. Ils n'ont pu développer de parentalité interne en raison sans doute d'un environnement qui se révélait insécurisant. Un héritage transgénérationnel d'insécurité intérieure.

Eviter la répétition transgénérationnelle

Le premier enfant dont nous avons la responsabilité c'est l'enfant qui est en nous. Pouvoir s'en occuper, le soigner est une bonne préparation au "devenir parent de la réalité".

C'est écarter le risque de charger son enfant d'une mission qui entraverait sa vie et sa liberté. Avancer vers une parentalité interne, c'est écarter le danger d'une spoliation identitaire ou d'une mission de réparation dont serait chargé l'enfant. C'est la garantie d'une liberté pour soi et pour lui. C'est rompre avec la répétition transgénérationnelle.

Devenir responsable et se charger soi-même de la gestion de ses douleurs du passé, c'est mettre toutes les chances de son côté pour profiter d'une liberté et d'une autonomie pour soi et pour l'enfant. Se faire aider et faire place nette d'un passé douloureux, augmente les chances de s'engager vers une parentalité qui épanouit les parents et toute la famille. L'amour ne suffit pas, il faut savoir le donner. Il n'est véritable que s'il supporte la différence et l'altérité.

LA FEMME YOYO : BÉBÉ AVIDE, PETITE FILLE MODÈLE, ADOLESCENTE REBELLE

La femme yoyo, on s'en doute, n'a pu développer de parentalité interne. Avec son fonctionnement yoyo, c'est la part immature de sa personnalité qui s'exprime à travers plusieurs personnages :

– *un bébé avide* en manque affectif qui a besoin d'être rassuré. Il est dans une hypervigilance et dans une avidité de tendresse et de fusion avec la mère ou les deux parents auxquels il est agrippé ;
– *une petite fille modèle* et perfectionniste qui cherche la reconnaissance et l'acceptation de la part de ses parents. Elle est tellement désireuse d'exister à leurs yeux qu'elle pense qu'en étant parfaite, elle va atteindre son objectif ;
– *une adolescente rebelle* en colère contre ses parents qui n'ont pas perçu, entendu la détresse dans laquelle elle se trouvait, ni son besoin d'autonomie. Cette colère, elle n'en a peut-être pas conscience, elle l'a gardée pour elle. Une colère restée sous silence qui a signé l'entrée dans le fonctionnement yoyo.

Si les parts "bébé avide" et "petite fille modèle" maintiennent la femme yoyo dans une relation d'agrippement aux parents, la part adolescente rebelle quant à elle tente de l'en libérer. Elle cherche surtout à s'émanciper, à devenir indépendante. Elle veut échapper au lien aliénant qui la relie aux parents. Mais elle n'a pas appris à se séparer d'où l'entrée dans le fonctionnement yoyo. Elle a lâché un agrippement pour un autre.

La femme yoyo, à travers son fonctionnement, passe d'un personnage à l'autre, bébé hypervigilant et avide, petite fille modèle et adolescente rebelle. L'oscillation de son yoyo en est la preuve : une oscillation entre fusion et rejet, entre rapprochement et éloignement, en tout ou rien, propre au fonctionnement yoyo.

L'adolescente rebelle

L'adolescence est pour certaines jeunes filles la période du premier régime. Pour certaines, ce premier régime fut sans doute la porte d'entrée dans le fonctionnement yoyo. A travers le régime, l'adolescente tente de s'approprier ce corps qu'elle a du mal à accepter surtout depuis la puberté et les transformations qu'elle a entraînées. Elle cherche à prendre le contrôle de sa vie. Elle souhaite surtout se libérer de la relation d'agrippement qui la relie à ses parents, et peut-être aussi, de la mission dont ils l'ont chargée (rôle de thérapeute ou de confidente). A moins que dans un autre registre, elle ne soit dans la recherche d'excellence. Elle ne veut plus de cette pression, de ce pacte inconscient scellé avec les parents – ou l'un d'eux seulement – qui cherchent à réparer à travers elle, un narcissisme endommagé par une histoire familiale douloureuse. Elle étouffe sous les diktats parentaux. Elle n'a aucune marge de liberté et tente de mettre une distance entre elle et ses parents.

A l'inverse, il se peut qu'il y ait eu une distance trop grande avec des parents froids, peu démonstratifs ou absents psychiquement. Ce manque d'intérêt de leur part va produire le même effet chez l'adolescente et la même colère du fait d'une grande frustration affective.

L'absence de distance ou une distance trop grande a eu le même effet : une colère qu'elle n'arrive pas à exprimer car tout est très confus en elle. En raison de ce climat insécurisant, elle n'a pu dépasser la crise existentielle que représente l'adolescence.

Grâce au fonctionnement yoyo, elle a contourné la crise, mais est restée au fond d'elle cette adolescente rebelle.

Conflit interne : bébé avide et petite fille modèle
contre adolescente rebelle

La femme yoyo est donc confrontée à un conflit interne, conséquence de cette dualité : rester fidèle ou s'émanciper ? Se défaire par la même occasion du pacte inconscient qui la relie à ses parents ?

Cette dualité reflète des sentiments ambivalents : d'un côté un amour total reflet d'un dépendance absolue aux parents ("bébé avide" et "petite fille modèle"), et de l'autre, un amour mêlé de colère avec la volonté de s'affirmer et de devenir indépendante ("adolescente rebelle").

La construction de soi ne peut se faire dans la soumission. La confrontation aux parents est nécessaire, l'enfant a besoin de s'opposer à eux. Toute opposition repose sur une part d'agressivité. Quand tout se passe bien, l'enfant apprend à s'affirmer progressivement et à réguler son agressivité. Sentir que ses parents continuent de l'aimer malgré ces frictions, rassure l'enfant. Cette sécurité affective est propice à l'expression de son Moi profond, la part authentique de sa personnalité.

Mais nous savons que la femme yoyo s'est construite à partir d'une hyperadaptation et d'une soumission à son environnement. Elle n'a pas appris à s'affirmer et donc ne sait pas réguler son agressivité. Ce qui explique les accès de colère qu'elle exprime parfois ou qu'elle peut garder pour elle. Une colère souvent silencieuse qu'elle étouffe en mangeant.

Ce conflit interne va déclencher une culpabilité inconsciente. Car pour le bébé avide et la petite fille modèle, l'adolescente rebelle en quête d'indépendance commet une trahison vis-à-vis des parents.

Toutes les femmes yoyo ressentent un profond sentiment de culpabilité. Une culpabilité qu'elles attribuent à leurs transgressions alimentaires, alors que cette culpabilité inconsciente préexistait. Elle est même une prédisposition de plus au fonctionnement yoyo. Cette culpabilité inconsciente est la conséquence du sentiment de trahison vis-à-vis des parents.

Chez la femme yoyo, cette trahison peut s'exprimer de différentes manières : le besoin de se libérer de l'emprise des parents ; l'envie de se différencier d'eux ; la volonté d'être mince dans une famille globalement en surpoids ; le respect d'une alimentation diététique dans une famille de gros mangeurs. Pour certaines femmes yoyo, vouloir être mince et suivre un régime peut provoquer au niveau inconscient l'impression de trahir les parents et même toute la famille. Un conflit interne lourd de conséquences...

Quand la culpabilité inconsciente devient consciente
La culpabilité inconsciente consécutive au désir de vouloir se libérer des parents devient consciente par le biais des transgressions alimentaires. La culpabilité inconsciente avance masquée, elle est sournoise et se dissimule derrière la culpabilité consciente consécutive aux transgressions des interdits alimentaires.

C'est ainsi qu'un simple craquage sur un petit carré de chocolat va produire une culpabilité disproportionnée sans aucun rapport avec la réalité. Cette culpabilité inconsciente est également maligne et vindicative : c'est elle qui pousse au tout ou rien et qui fait qu'un simple craquage peut se transformer en une petite orgie. Et voilà que la tablette de chocolat est engloutie. La femme yoyo se sent alors encore plus coupable d'avoir cédé à ses pulsions. Mais elle ne sait pas que ces pulsions sont commandées justement par la culpabilité inconsciente qui exige une expiation, une punition. La transgression alimentaire est alors cette sanction qui va faire souffrir la femme yoyo. Elle se sent moche, grosse, faible, son narcissisme est en lambeaux. La culpabilité inconsciente l'a poussée à retourner contre elle sa colère et son agressivité dans une visée punitive.

Manger est une consolation mais aussi une punition. Bien sûr, tous ces mécanismes sont inconscients et entremêlés. Ainsi pour la femme yoyo, manger représente une consolation qui peut se transformer très vite en punition, comme si elle ne méritait pas le réconfort en raison de la trahison commise à l'encontre de ses parents. La culpabilité inconsciente pour être soulagée exige que justice soit faite, et que la coupable soit punie.

Le fonctionnement yoyo maintient vivace cette culpabilité inconsciente sous couvert de la culpabilité consciente liée aux transgressions alimentaires. Il renforce aussi la relation d'agrippement. Car plus l'adolescente rebelle veut se libérer de l'emprise parentale, plus le bébé avide et la petite fille modèle s'agrippent.

Le fonctionnement yoyo est basé sur la relation de dépendance et d'agrippement à partir de laquelle la femme yoyo s'est construite, c'est juste une autre manière de l'exprimer. Il n'est qu'une répétition ou un prolongement de la relation d'agrippement aux parents ou à la mère.

Dans le fonctionnement yoyo, le bébé avide réclame de la tendresse, la petite fille modèle recherche la reconnaissance à travers sa quête de perfection, et l'adolescente rebelle veut affirmer sa différence et devenir autonome. Mais la femme yoyo n'entend pas les messages que lui envoient les voix du passé. Elle cherche à les faire taire en mangeant ou à l'inverse en entamant un régime. Elle n'a pu développer de parentalité interne qui pourrait prendre en charge les requêtes paradoxales de l'enfance et de l'adolescence.

La parentalité interne pourrait câliner, consoler, choyer le bébé avide ; elle apaiserait la petite fille modèle en recherche de reconnaissance grâce à un regard bienveillant sur elle-même ; elle rassurerait l'adolescente rebelle qui n'aurait plus à livrer bataille et la libèrerait de sa colère.

La part authentique de la personnalité et l'élan créateur n'ayant pu s'exprimer, ils n'ont pu lier et donner une cohérence au Moi. Car c'est à travers le sentiment d'existence que le Moi s'inscrit dans une continuité. Grâce à l'élan créateur, il peut grandir, évoluer, changer sans risquer de se perdre ou d'être malmené par des besoins paradoxaux. La trajectoire de vie reste cohérente, pas de cacophonie…
La femme yoyo ne s'écoute pas car justement elle fuit cette cacophonie. Elle n'est pas en capacité d'accueillir les requêtes paradoxales que formulent les petites voix de son passé. Avec son fonctionnement yoyo, elle les muselent, les étouffent.

Un fonctionnement pour museler les voix de l'enfance
Le fonctionnement yoyo est un passage à l'acte qui court-circuite l'élaboration psychique et la prise de conscience des requêtes des voix du passé. La femme yoyo, à coup de nourriture, gave le bébé avide, qui a surtout besoin de tendresse et d'être consolé. Elle étouffe aussi la colère de l'adolescente, à moins que ce ne soit à coup de régimes draconiens. Tout comme elle fait taire la petite fille modèle grâce à des restrictions alimentaires, toujours dans sa quête d'excellence et de perfection. Tout est si mélangé ! Nourriture et régime sont entremêlés et la femme yoyo s'en sert pour étouffer ses voix de l'enfance et de l'adolescence.

LE PARADOXE FONDAMENTAL

Le paradoxe est au cœur du fonctionnement yoyo. Et si le fonctionnement yoyo sert à museler les voix du passé, c'est aussi à travers lui qu'elles tentent de s'exprimer.

A travers ces voix, c'est le Moi qui s'exprime, à différents stades de son évolution : bébé, petite fille, adolescente. Car le Moi n'est pas rassemblé et est sans cesse tiraillé par des besoins paradoxaux. L'adolescente rebelle a soif d'ouverture sur le monde mais aussi sur elle-même. Elle veut s'émanciper, se libérer, devenir indépendante, chercher à savoir qui elle est vraiment. Mais en même temps, le bébé avide et la petite fille modèle tirent dans l'autre sens. Ils ont peur. Pour eux la liberté est associée à la solitude et au vide. Le fonctionnement yoyo exprime autant le cri de liberté que le bâillon pour l'étouffer.

La femme yoyo est dans une quête de vérité afin de savoir qui elle est vraiment. Mais comme elle se coupe de ses émotions et de ses sensations, elle sabote en quelque sorte toutes les avancées qu'elle peut effectuer vers son authenticité et son être profond.

La femme yoyo est ballotée par ses peurs existentielles et ses croyances limitantes du passé. Elle a une attitude paradoxale. L'angoisse du vide et l'insécurité intérieure la poussent à saboter toutes ses progressions vers la vérité et l'authenticité.

Vite se cacher derrière le fonctionnement yoyo ! Cette agitation permanente va combler le vide intérieur et rassurer le bébé avide et la petite fille modèle grâce au lien d'agrippement qui la relie au fonctionnement yoyo.

Oscillation entre contrôle et perte de contrôle, entre recherche d'authenticité et imposture…

Le danger serait de s'identifier au personnage de survie. Alors que ce n'est que la construction défensive d'un appareil psychique immature, incapable d'affronter l'angoisse et le vide provoqués par les questionnements existentiels.

  Ces voix de l'enfance pourront être entendues et apaisées, une fois que la femme yoyo osera affronter ses peurs existentielles. Elle sera enfin une femme libre qui pourra aller à la rencontre d'elle-même. Elle pourra écouter les différentes voix de son passé et s'émouvoir de leurs requêtes. Elle pourra ressentir de la tendresse et de la bienveillance pour le bébé avide, la petite fille modèle et l'adolescente rebelle. Elle ne tentera plus de les museler mais sera capable de les consoler, de les respecter, de les rassurer. C'est ainsi qu'elle développera sa parentalité interne. Elle sera devenue une bonne maman pour elle-même. Elle aura réussi à transcender ses peurs et ressentira enfin un sentiment de sécurité intérieure.

8.
LA FEMME YOYO ET LE MANQUE

JAMAIS ASSEZ D'AMOUR, UN PUITS SANS FOND

Toutes les femmes yoyo ressentent un manque et sont à la recherche de tout objet, produit, comportement ou personne qui lui permettra de le combler. De nombreuses femmes yoyo sont persuadées d'avoir manqué d'amour mais elles confondent l'amour et l'attachement sécurisant. S'il n'est pas sécurisant, l'amour parental semble inconsistant et précaire et laisse l'enfant dans un besoin affectif insatiable.

L'attachement parent-enfant doit se révéler sécurisant. C'est cette sécurité affective que l'enfant va intérioriser et qui sera à l'origine du sentiment de sécurité intérieure.

La mission parentale est défaillante lorsque les parents ne sont pas suffisamment disponibles ou qu'ils attendent quelque chose en retour.

Il en va de même si l'enfant est confronté à des parents qui ne savent pas nommer les choses, expliquer le monde, dire les émotions et les ressentis en assurant la fonction de "penseur externe". Cette blessure de manque est encore plus douloureuse quand l'enfant ne s'est pas senti accueilli, écouté, accepté.

L'enfant crée sa perception de lui-même à partir des interactions qu'il a avec son entourage. S'il ressent du vide en raison d'un déficit d'attention, de mots ou de présence, il va se percevoir lui-même comme vide. Ce vide constitutif est le fondement des dépressions mais aussi des conduites addictives. Des stratégies qui visent à combler le vide pour ne plus ressentir le manque.

Sans intériorité symbolisée par la maison psychique, c'est comme s'il n'y avait pas de contenant, pas de limite. On peut se remplir, se gaver, de nourriture ou de tout autre produit, et même de l'autre en le squattant, le manque est toujours là. C'est un puits sans fond... Sans intériorité, on ne se sent jamais rassasié, ni comblé en amour.

Non seulement le manque est omniprésent mais cette carence d'intériorité empêche d'être en relation avec soi, de s'écouter, de donner une cohérence et un sens à son histoire. On est privé du sentiment d'existence et on se retrouve dans l'incapacité de créer du lien entre les différents passages de la vie.

UN ESPACE INTÉRIEUR, POUR RECEVOIR
ET SE SENTIR COMBLÉE

Etre dans une complétude avec soi
Le développement de l'intériorité débute à la naissance et se poursuit progressivement à travers la relation à l'environnement. Le bébé a besoin de se sentir contenu aussi bien physiquement dans un corps à corps rassurant avec sa maman, que psychiquement grâce au lien fusionnel et à un enveloppement psychique et émotionnel. C'est ce qui définit la fonction maternelle. Ainsi débute la construction de la maison psychique, la sensation de contenant extérieur va être intériorisée.

Le développement de l'intériorité se poursuit grâce à la capacité à être seul, à se séparer et à se différencier de l'autre. C'est en quelque sorte la capacité de vivre son espace intérieur sans avoir besoin de l'autre, dans une complétude avec soi. Cette évolution est rendue possible grâce à la fonction paternelle.

L'expérience d'altérité est progressive elle-aussi et culmine au moment de l'adolescence. L'ado a besoin de sentir qu'il est un être entier, différent et unique. Il devient peu à peu responsable de lui-même et il peut faire ses propres choix. Il est alors capable de se prendre lui-même comme objet d'intérêt. Comme lors de la crise existentielle qui le confronte à des questionnements dont il trouve les réponses en plongeant dans son intériorité, pour se connaitre et comprendre la personne qu'il est devenu. Grâce à la création de sa maison psychique, il est capable de prendre conscience de lui-même. Ce contenant, cet espace intérieur s'est constitué, rempli, modifié et a évolué à partir de toutes les expériences qu'il a vécues mais aussi grâce à l'expression de l'élan créateur.

Interroger son intériorité est alors possible, puisque l'ado est conscient de lui-même, de son histoire, de son parcours. Il est en capacité d'élaborer psychiquement, de penser et donc de trouver les réponses à ses questionnements et surtout de se confronter à la crise liée à l'adolescence et au passage à l'âge adulte. Même si cela reste un passage difficile, il est capable de le faire. Il peut aussi évaluer l'écart qui le sépare de la personne qu'il souhaite devenir, tout en gardant une cohérence dans le cheminement à venir grâce à un dialogue bienveillant avec lui-même.

S'aimer soi-même pour aimer l'autre

L'amour de soi est nécessaire car il est à l'origine du climat bienveillant qui règnera dans la relation à soi et donc dans la maison psychique. Cet amour de soi permet aussi de s'ouvrir à l'autre. L'amour de soi et l'amour de l'autre s'étayent mutuellement. On prend alors tout naturellement sa place tout en respectant celle de l'autre, pas de squat possible.

Il faut s'aimer pour recevoir l'amour de l'autre. Sur une terre aride, l'eau ruisselle mais ne pénètre pas, même s'il y a un orage et donc beaucoup d'eau. L'amour de soi est comme un engrais qui enrichit la terre et la rend perméable. La terre est travaillée, assouplie, enrichie. L'amour de soi permet de recevoir et de redonner. Comme une terre fertile... Un amour que l'on reçoit et que l'on donne : c'est ainsi que l'on se sent comblé. On ne ressent pas alors le besoin de se gaver, de se remplir de nourriture ou de tout autre produit ou personne.

PAS D'INTÉRIORITÉ SANS EXPÉRIENCE DU VIDE ET DU MANQUE

Le manque est nécessaire !

Dans la relation parents-enfant, il y aura toujours un manque. D'ailleurs le manque est nécessaire. Il est structurant, fondamental pour aller à la conquête de soi, de sa liberté. A travers ce manque, c'est comme si les parents soufflaient à leur enfant « *Deviens ce que tu es* » (Nietzsche).

Avec eux, l'enfant ne peut rester qu'une ébauche, un être inachevé, qui ne peut être, puisque inachevé... C'est grâce au manque que l'enfant peut devenir un sujet conscient d'être lui-même. Un sujet entier qui se sent vivant car il sait transformer le manque en espace de création grâce à son élan créateur. Création et réalisation de soi. Un manque nécessaire que l'on pourrait aussi appeler "souffle de vie". Nous allons voir tout cela en détails.

Le manque, "souffle de vie"
Grâce aux fonctions maternelle et paternelle, l'enfant va passer de la fusion à une relation d'échange, de communication. Mais la transition entre ces deux états va forcément créer un manque.

Ce manque peut être "souffle de vie" et représenter une sorte de tremplin, ou à l'inverse un plongeoir vers le vide, selon qu'il aura été structurant ou déstructurant.

Pour que le manque soit structurant, l'attachement sécurisant est primordial. Le bébé en ressentant le manque, voit ressurgir les peurs existentielles dans lesquelles l'ont plongé la naissance. Il sortait d'un contenant chaud et protecteur, le ventre maternel, et soudain il est propulsé dans le vide, d'où le besoin d'une relation fusionnelle pour prolonger la sensation de contenant.

Les peurs existentielles – la peur de mourir, de ne plus exister au sein d'un tout, de se dissoudre dans l'univers, de disparaître, d'être abandonné… – sont liées à l'expérience du vide consécutive au passage d'un état à un autre, comme c'est le cas pour la naissance. Si le bébé fait l'expérience de la fusion puis de la défusion, s'il trouve dans son environnement une ou deux personnes pour assurer les fonctions maternelle et paternelle, il arrive à affronter le vide et à surmonter ses peurs existentielles. Il sent qu'il n'encourt aucun risque d'être abandonné, de disparaitre, de se dissoudre dans le vide car il est contenu, enveloppé, protégé, rassuré. Il se sent vivant.

Le manque est même une opportunité pour construire une maison psychique confortable et rassurante dans laquelle on se sent bien avec soi-même, et pour créer ses propres désirs.

La création du désir grâce au manque

Grâce à un environnement rassurant, le bébé apprend à supporter l'attente. Alors qu'il attend que l'on réponde à ses besoins (manger s'il a faim par exemple), il se met à imaginer, à se représenter la satisfaction. Il se sent en confiance. Il sait que son parent ne va pas tarder et va lui procurer le soin dont il a besoin. Cette confiance et cette sécurité affective l'aident à supporter le manque et le libèrent de l'angoisse d'abandon et des peurs existentielles. Il se met alors à fantasmer, à imaginer la satisfaction et donc à la désirer. Il fantasme qu'il est en train de téter le sein ou le biberon. Ainsi se crée le cheminement du désir. Le bébé doit passer par le manque, il n'est plus dans une satisfaction immédiate de ses besoins, comme c'est le cas dans la relation fusionnelle. Une distance s'est créée entre lui et son environnement où le manque et le vide ont pu exister et se transformer en désir.

Si l'environnement est rassurant, le manque se révèle structurant et le vide devient espace de création. Création de ses propres désirs, création de soi. C'est ce qui définit l'élan créateur. Il ne peut s'exprimer qu'à la condition qu'un sentiment de sécurité intérieure fasse régner un climat bienveillant. La part intime et authentique de la personnalité peut alors s'épanouir. Le Moi peut grandir, évoluer en toute sécurité.

Toutes ces étapes sont progressives mais pour qu'elles se produisent, il faut nécessairement que le bébé ait été confronté au manque dans un climat bienveillant. Le manque est donc structurant, il est comme un "souffle de vie" car il insuffle un élan de vie : le sentiment d'existence et la sensation d'être vivant !

Le manque, "plongeoir vers le vide"

La confrontation au manque et au vide est déstructurante lorsque l'attachement n'est pas suffisamment sécurisant. Elle augmente le niveau d'angoisse et de détresse de l'enfant insécurisé. Une détresse semblable à une chute dans le vide. Le manque est vécu comme une grande solitude inquiétante et un abandon. Il se révèle être un plongeoir vers le vide. La peur que ressent l'enfant est telle, qu'elle déclenche un réflexe d'agrippement et une hypervigilance vis-à-vis de ses parents. Son appareil psychique n'est plus disponible pour fantasmer et transformer le vide en espace de création et le manque, en désir. Ni pour construire une intériorité, une maison psychique rassurante. Le vide extérieur est intériorisé. Le monde intérieur est anxiogène, d'où un agrippement à l'extérieur.

Moins l'environnement est rassurant et plus l'enfant va s'agripper à lui, car il vaut mieux des parents insécurisants que pas de parents du tout. La relation insécurisante aux parents contamine le monde intérieur de l'enfant qui devient anxiogène. Aucune connexion à soi, l'enfant ne se sent pas entier et reste dans une grande dépendance, agrippé à son environnement. A l'intérieur, il n'y a que le vide…

LA FEMME YOYO : VIDE ABYSSAL ET MANQUE INSUPPORTABLE

La femme yoyo grâce à son fonctionnement se remplit de nourriture ou de restrictions alimentaires pour combler le vide intérieur et ne plus ressentir le manque.

Reprenons l'image du personnage de dessin animé qui court au bord d'un précipice. Il est propulsé dans le vide mais reste en suspension, continue de courir et ne chute que lorsqu'il prend conscience du vide.

Dans une posture identique, la femme yoyo est, elle, suspendue à la ficelle de son yoyo. Elle monte, descend, se trouve dans une agitation et dans une lutte permanentes pour ne pas être confrontée au vide et au manque. Et paradoxalement, elle les ressent encore plus. Grâce à son fonctionnement yoyo, elle fuit un temps le vertige et les émotions qu'il provoque, et contourne et court-circuite les crises existentielles.

La crise existentielle est une phase de transition, le passage d'un état, d'un âge ou d'un stade à un autre. Elle fait remonter à la surface le vécu du premier passage, la naissance, à travers la résurgence des peurs existentielles.

Il se peut que la femme yoyo ait vécu à ce moment-là un traumatisme, une expérience de vide effroyable. Elle ne s'est pas sentie contenue ni accueillie en raison de l'absence d'un attachement rassurant et d'un lien fusionnel. Face à ce manque et ce vide constitutifs, elle s'est agrippée à son environnement dans un sursaut de survie. Un bébé angoissé qui était peut-être déjà dans l'imposture et la dissimulation de sa détresse et qui a pu sembler bien calme à son entourage. Elle n'osait réclamer, de peur d'être encore déçue et d'être à nouveau confrontée au vide et au manque. A moins qu'elle ait exprimé sa terreur, mais ses cris et ses pleurs étaient tellement effrayants qu'ils ont paniqué sa maman. Pas de relation fusionnelle…

Dans un autre registre, il se peut que la fusion ait eu lieu. Mais la fusion s'est éternisée. Aucune distance, pas de séparation ni d'expérience du manque. Un manque de manque en quelque sorte. La fusion pour être structurante doit prendre fin. Si elle perdure, elle se transforme en lien d'agrippement. Sans expérience du manque, il ne peut y avoir de développement d'intériorité, le trop plein extérieur empêchant la constitution d'un espace intérieur.

Au niveau psychique, le trop ou le pas assez ont le même effet : il ne peut y avoir d'élaboration, de création. Dans les deux situations, il y a un manque et un vide constitutif. Dans la première configuration, la cause est l'absence de fusion et, dans la deuxième, l'absence d'altérité et de séparation. Dans les deux cas, l'enfant, tout comme l'adulte qu'il va devenir, est confronté à un manque à être. Il est dans l'incapacité d'aller à la rencontre de lui-même, de devenir un sujet autonome et indépendant, conscient de sa subjectivité et créateur de ses propres désirs.

Alors la femme yoyo se saisit de son yoyo pour ne plus ressentir le manque. C'est une stratégie de survie comme l'était déjà l'hypervigilance ("bébé avide") et un peu plus tard, la quête de reconnaissance et de perfection ("petite fille modèle"), deux autres formes d'agrippement pour échapper au vide.

UN EFFONDREMENT SALUTAIRE

Le fonctionnement yoyo est une lutte antidépressive. Vide et dépression sont liés. C'est comme si la femme yoyo se trouvait en permanence dans le vide, suspendue à la ficelle de son yoyo. Elle s'agite pour ne pas voir le vide parce qu'elle a peur de chuter, de sombrer dans la dépression.

Pourtant, c'est la chute qui permet au personnage de dessin animé de se retrouver sur la terre ferme. Lutter contre une déprime ou un vécu dépressif est un combat perdu d'avance. C'est une lutte lente, sournoise et la dépression gagne un jour ou l'autre la bataille. On ne peut pas fuir une dépression car elle rattrape toujours le fugitif qui s'essouffle à courir, à s'agiter. A l'inverse, s'arrêter, se confronter à la dépression sans la combattre, accepter le face à face, permet de la comprendre et d'en trouver l'origine.

Tant que la femme yoyo s'agite, elle ne peut pas construire d'intériorité rassurante, exprimer sa véritable identité et se sentir exister. Etre vivante.

Tout comme le personnage de dessin animé, il faut qu'elle passe par la prise de conscience du manque et du vide. Elle doit prendre également conscience de son fonctionnement, de son histoire, de sa lutte antidépressive et de ses peurs existentielles. Cette investigation, cette recherche de sens retire à la dépression son pouvoir invalidant. Elle n'est plus alors une maladie, mais une opportunité.

Cette chute psychique est en fait un effondrement salutaire, une issue pour se libérer du fonctionnement yoyo, grâce à la confrontation au manque et au vide, cette fois-ci dans un cadre rassurant : la relation thérapeutique. La compréhension, la verbalisation et les mots sont les meilleures armes pour éradiquer la dépression. En acceptant de se confronter au manque, au vide, à la dépression mais surtout en mettant des mots et du sens, la femme yoyo peut enfin se libérer d'un fonctionnement aux allures de prison. Elle va enfin aller à la rencontre d'elle-même…

9.
A LA RENCONTRE DE SOI…

CRÉATION D'UN MONDE INTÉRIEUR

Conflit entre le Moi et le personnage de survie
Comme je l'ai déjà dit, la femme yoyo est une construction défensive, un personnage de survie. Le danger serait de s'identifier à elle plutôt qu'au Moi profond, la part authentique de la personnalité. D'autant plus que le Moi et le personnage de survie sont en conflit.

Le fonctionnement yoyo est paradoxal et s'il sert à bâillonner le Moi, c'est aussi à travers lui que le Moi s'exprime. L'oscillation du yoyo reflète ce paradoxe et le conflit entre le Moi et le personnage de survie. Si le bébé avide et la petite fille modèle sont dans des stratégies de survie et dans un lien d'agrippement avec l'environnement, l'adolescente rebelle cherche à s'en libérer. A travers sa voix, le Moi tente d'exprimer son besoin de liberté. Comme s'il tapait de plus en plus fort pour fissurer la carapace, fendre l'armure du personnage de survie. Car à l'intérieur il étouffe. Coupé de son élan créateur, le Moi est bloqué, il ne peut grandir, s'épanouir. Comme s'il y avait un rétrécissement du flux d'énergie vitale. Elan vital et élan créateur sont liés, si l'élan créateur ne peut s'exprimer, c'est comme si l'énergie vitale circulait moins bien. C'est ainsi que la survie se substitue à la vie.

Même si au départ la stratégie de survie est une construction défensive, à la longue cette protection se transforme en prison.

La plupart du temps, les diverses expériences de non-reconnaissance ou de non-accueil de l'enfant par les parents, sont vécues au niveau psychique et émotionnel, plus rarement dans la réalité. Pourtant ces éprouvés d'abandon n'en sont pas moins puissants en charge émotionnelle et créent de véritables traumatismes. Comme s'il s'était agi de faits réels, les ravages sont identiques. Ce sont des expériences psychiques et émotionnelles qui laissent des traces même si dans la réalité, il n'y a pas eu d'abandon. Un enfant livré à lui-même peut se sentir abandonné même si ses parents se trouvent à quelques mètres de lui. Ils sont physiquement présents mais psychiquement, ils sont ailleurs, préoccupés par leur propre souffrance ou les difficultés qu'ils traversent. Leur manque de disponibilité, d'intérêt ou d'écoute provoque chez l'enfant un réel vécu d'abandon.

Ces expériences de non-reconnaissance et de non-accueil amènent l'enfant à conclure qu'il ne peut pas vivre en étant lui-même. Cela explique les stratégies de survie – l'hypervigilance, la quête de reconnaissance et de perfection ou le fonctionnement yoyo – qu'ont développées les différents personnages que sont le bébé avide, la petite fille modèle ou la femme yoyo.

Mais en chaque femme yoyo, il y a une force vitale qui gronde, un besoin de s'exprimer, de vivre librement qui tente de se faire entendre à travers la voix de l'adolescente rebelle. L'élan créateur cherche à se libérer.

Le Moi lutte et se trouve en totale contradiction avec le personnage de survie. Il ne supporte plus sa dictature et n'en peut plus de l'imposture, de cette protection aux allures de prison.

Avec le temps, le personnage de survie est de plus en plus coûteux en énergie et insupportable à jouer. Le Moi n'en peut plus de cette mascarade qui donne à la vie un goût artificiel.

Toutes les femmes yoyo le savent bien : au fil du temps, leur fonctionnement est de moins en moins efficace, le yoyo va de plus en plus loin. On prend de plus en plus de poids et on a de plus en plus de mal à le perdre. La carapace se fissure et le personnage de survie commence à fatiguer.

Comme si le Moi commençait à gagner du terrain et demandait à ce qu'on l'écoute enfin : « *Lâche ce fonctionnement, tu vois bien qu'il ne te mène nulle part. Tu es en train de passer à côté de ta vie à force d'éviter les messages qu'elle t'envoie et d'anesthésier tes émotions* ».

Avancer dans la vie en adulte

Une étape fondamentale pour se libérer du personnage de survie est de sortir de la relation d'agrippement à l'environnement, aux parents.

La femme yoyo peut ressentir à l'encontre de ses parents aussi bien un amour absolu, une sorte d'adoration qu'une colère qui pourrait pencher par moment vers la rancœur ou la haine. Toutes les femmes yoyo ne sont pas conscientes de la nature du lien qui les relie à leurs parents. Certaines ont même recouvert ces sentiments ambivalents d'une autre défense, l'indifférence.

Ces deux tendances – amour absolu *vs* colère – ne sont pas le reflet d'une relation mature. Ce sont les deux versants de la relation d'agrippement. Ce lien affectif immature fait écho à l'amour que la femme yoyo a reçu de ses parents, un amour maladroit qui a pu se révéler étouffant, distant, conditionnel…

Ces parents insécurisants ont transmis, bien souvent malgré eux, leur sentiment d'insécurité intérieure. Ils n'ont pas su créer de sécurité affective car ils se sont révélés contrôlants, aliénants, distants, absents ou peu disponibles. Ils étaient dans l'incapacité de sécuriser leur enfant. On ne peut donner ce que l'on n'a pas reçu...

Il s'agit maintenant de quitter psychiquement les parents, de s'en séparer en brisant le lien d'agrippement et en trouvant enfin la bonne distance avec eux afin de poursuivre seule la construction de soi.

En vouloir à ses parents ne libère pas, bien au contraire. C'est rester dans une position de victime. Peut-être que grandir, c'est justement accorder à ses parents le droit à l'erreur. Accepter qu'ils ne soient pas parfaits, qu'ils puissent être maladroits, ordinaires. C'est faire le deuil des parents de l'enfance qui avaient été idéalisés par l'enfant.

Etre indulgente avec ses parents, c'est enfin pouvoir devenir indulgente avec soi ! Vivre enfin et ne plus survivre dans l'ombre de ses parents. C'est en quelque sorte leur être infidèle. Une séparation psychique nécessaire pour enfin se sentir indépendante et tracer sa route avec le sentiment d'être libre.

Relation thérapeutique : recevoir enfin l'accueil et l'écoute qui ont tant manqué

Pour se libérer du personnage de survie, le Moi a besoin d'être en relation avec l'autre. Le sujet doit se sentir accueilli, écouté avec bienveillance par un tiers qui posera sur lui un regard accueillant et positif.

Si le Moi, la part authentique de la personnalité, n'a pas eu la chance d'être accueilli dès le départ par un environnement qui l'a aidé à s'exprimer librement, il est nécessaire alors de créer des conditions favorables à cette expression grâce à la relation de confiance au sein du cadre thérapeutique.

Dans ce mode relationnel, l'un des deux protagonistes se rend totalement disponible pour l'autre, sans attendre en retour que celui-ci fasse la même chose. Il n'y a pas de réciprocité. La relation thérapeute-patient est une relation asymétrique. Elle rappelle la relation parentale où le parent se rend disponible inconditionnellement pour accueillir son enfant. Un climat bienveillant à partir duquel l'enfant développe un sentiment de sécurité intérieure. Il se sent contenu à l'extérieur et intériorise cette sensation de contenant.

Séance après séance, le sentiment de confiance et la relation bienveillante à l'autre vont permettre au patient de développer une intériorité. Cette contenance extérieure va l'aider à se créer une contenance intérieure, un cocon protecteur, la maison psychique au sein de laquelle il va pouvoir s'ouvrir à lui-même en libérant la part authentique de sa personnalité, son Moi.

Cette ouverture sur soi va s'effectuer à travers le déploiement de la pensée. L'espace thérapeutique est une sorte d'enveloppe psychique qui, grâce à l'écoute bienveillante, assure à la fois une fonction de contenance et celle de "penseur externe". La fonction initialement assurée par les parents lorsqu'ils accueillent psychiquement les ressentis et les émotions de leur enfant.

Cette fonction aussi va être intériorisée par le patient. Grâce à la verbalisation, aux mots posés sur les émotions, les sensations, les impressions, le Moi va pouvoir se connecter au corps.

Cette connexion au corps va libérer peu à peu le Moi du personnage de survie. Car l'élan créateur va pouvoir circuler et le flux d'énergie vitale va retrouver sa force, sa puissance. Les peurs existentielles avaient provoqué un rétrécissement du flux de l'élan vital en raison de la réaction d'hypervigilance. Cette posture de contrôle avait concentré toute l'énergie au niveau cérébral et provoqué la déconnexion avec le corps. Mais comme l'énergie vitale peut à nouveau circuler normalement, le corps est connecté au psychisme et le Moi peut reprendre le cours de son développement, grandir et s'épanouir.

Grandir, c'est justement créer à l'intérieur de soi un espace confortable pour supporter l'inconfort de certaines situations et accueillir les émotions qui en découlent.

Il est alors possible d'écouter les voix de l'enfance. Le bébé avide et la petite fille modèle peuvent s'exprimer à travers la remémoration des souvenirs et la résurgence des émotions. L'adolescente rebelle peut faire part de sa colère. Tous trois n'ont plus besoin du fonctionnement yoyo pour exprimer leurs besoins paradoxaux. L'ex-femme yoyo est alors capable d'entendre leurs requêtes et n'est plus tentée de les museler à coup de nourriture ou de restrictions alimentaires.

Un Moi fort, un Moi qui accepte d'être faible

Tout individu doit faire face à la tension intérieure résultant de désirs paradoxaux. Il arrive que l'on désire une chose et son contraire. Cette tension est précieuse, car riche en informations sur ses propres désirs et les obstacles qui s'opposent à leur réalisation. Elle indique que quelque chose n'est pas aligné, qu'il y a des modifications à effectuer. Cette tension résulte aussi des crises existentielles et de la confrontation au manque et au vide.

Il n'y a pas de recette magique du bonheur. Il y a juste un cheminement pour vivre plus en harmonie avec soi et avec les autres. C'est la voie qui mène à l'acceptation, de soi bien sûr, de son histoire, de ses erreurs, de ses faux-pas, de ses moments de fragilité, de vulnérabilité… Acceptation de cette tension aussi que l'on ressent au fond de soi.

C'est à chacun de concocter sa propre recette du bonheur, sa formule du mieux vivre en prenant conscience des modifications, des alignements à effectuer pour conserver une relation harmonieuse avec soi et avec les autres.

Un Moi mature, fort et sain, est le contraire d'un Moi carapacé, rigide, défendu qui veut à tout prix se montrer fort en toute circonstance. La femme yoyo qui recherche la toute-puissance à travers la maîtrise et le contrôle, a besoin du fonctionnement yoyo pour se sentir plus forte. Pour elle, la tension intérieure et les émotions qu'elle provoque sont des signes de faiblesse.

Elle se trompe ! Vouloir se montrer forte en toute circonstance est un signe d'immaturité et même de faiblesse. La femme yoyo a recours à un fonctionnement rigide fait d'attitudes réflexes et de passages à l'acte qui, un jour ou l'autre, est amené à s'effondrer car il augmente le risque de dépression.

Un Moi sain et souple, au contraire, peut traverser des ressentis très variés comme la colère, la honte, la culpabilité, l'indignation, la révolte, la tristesse, la déprime… Il est présent dans l'ici et maintenant en accueillant ces états émotionnels et il est capable de se poser les bonnes questions pour trouver une issue favorable à ces moments de tensions.

Le Moi immature de la femme yoyo est dans l'incapacité de supporter de telles tensions. Il est dans une recherche de maîtrise, de contrôle et de solution immédiate. Au lieu de faire face aux émotions, d'en comprendre le sens et l'origine, il se sert du fonctionnement yoyo pour décharger toute cette tension à coup de nourriture ou de restrictions alimentaires. Mais au fond, rien n'est réglé.

Transformer ses peurs et ses tensions intérieures
Le fait d'accepter la tension intérieure renforce et fait grandir le Moi. Car le véritable Moi fort, sain et fluide sait faire preuve de souplesse et peut trouver des compromis entre la vie psychique (fantasmes, désirs...) et le rapport à la réalité et aux autres. Si l'on est présent dans l'expérience que l'on traverse et que l'on ne cherche pas à la fuir par une quelconque stratégie, le Moi est fonctionnel. C'est-à-dire qu'il fonctionne bien et qu'il est sain : il lui est possible d'affronter la mobilité de l'humeur et de se sentir parfois faible, impuissant, vulnérable et parfois fort, satisfait et compétent.

Un Moi fort est conscient des limites. Le sujet est capable de demander de l'aide et de recourir au cadre thérapeutique s'il en éprouve le besoin ou d'utiliser la création pour l'aider à traverser les turbulences émotionnelles. Ecrire quelques phrases sur l'épreuve qu'il traverse, dessiner, ou avoir recours à tout autre moyen d'expression en faisant appel à l'élan créateur.

Un Moi mature est un Moi qui a de la ressource. Il est ouvert et continue de se développer, de s'épanouir en profitant de toutes les expériences de la vie, qu'elles soient agréables ou désagréables. Le sujet se sent vivant et créatif. C'est ainsi qu'il transforme les angoisses, les peurs, les tensions intérieures en énergie créatrice.

Premier acte de création : s'observer !

Se prendre soi-même comme objet d'intérêt et de curiosité est une posture favorable au développement du bon narcissisme et de l'amour de soi, à condition de poser un regard accueillant emprunt d'humanité sur sa propre personne.

Un peu comme si l'on intériorisait l'attitude bienveillante du thérapeute. Cet "observateur-thérapeute" accueille tout ce qui se passe en soi sans jugement ou *a priori*. La création et l'échange avec "l'observateur-thérapeute" intérieur est très proche de la parentalité interne. C'est la capacité de pouvoir s'accueillir et s'accepter soi-même avec bienveillance et sans jugement.

On ne peut changer son histoire. On ne peut changer son passé. En revanche, on peut s'en servir pour aller vers plus d'humanité. Les blessures vont cicatriser mais demeurera une sensibilité que l'on peut transformer en empathie, en intelligence émotionnelle. La bienveillance envers soi-même mène à la bienveillance envers l'autre. Transformer les souffrances du passé en plus d'humanité, c'est ce que l'on appelle la résilience.

C'est de cette manière aussi que s'exprime l'élan créateur : en transformant le négatif en positif, la souffrance en joie de donner et de recevoir.

Dans un premier temps, il convient de commencer par observer les actes les plus concrets du quotidien et la manière dont on les vit. Quelles sont les émotions, les pensées qui les accompagnent ? Quelles sensations ressent-on ? Comment réagit le corps ? Se sent-on vivante à travers lui ?

Toutes les informations qui viennent à soi, les idées, les intuitions sont importantes, même les plus fugaces. Ce voyage intérieur pour aller à la rencontre de soi symbolise en quelque sorte une nouvelle naissance grâce au regard neuf que l'on va porter sur soi, sur les autres, sur le monde. Un voyage intime et personnel qui mène à la sécurité et à la stabilité intérieures.

LA STABILITÉ INTÉRIEURE MÈNE À LA STABILITÉ PONDÉRALE

Stabilité intérieure et stabilité pondérale sont liées
Le fonctionnement yoyo a perverti la relation à la nourriture. Pourtant ce n'est pas sur le trouble alimentaire qu'il s'agit de travailler pour sortir de ce fonctionnement si particulier, mais au niveau psychologique. Ce travail sur soi mène à une construction narcissique et identitaire et à la création d'un monde intérieur, la maison psychique.

La construction de la maison psychique apporte stabilité et sécurité intérieures. La stabilité et la sécurité sont liées, tout comme l'insécurité et l'instabilité. L'Instabilité pondérale de la femme yoyo n'est que le reflet de son instabilité intérieure. Son monde intérieur est anxiogène. Il comporte des manques, des trous.

Pour se libérer du fonctionnement yoyo, il convient donc de travailler d'abord sur la construction de soi et d'un monde intérieur riche et rassurant qui entraînera une sécurité et une stabilité intérieures.

Une fois la stabilité intérieure acquise, la stabilité pondérale pourra advenir et la relation à la nourriture pourra tout naturellement se réguler et s'apaiser.

Du passage à l'acte à la mise en action

L'observation – fonction assurée par "l'observateur-thérapeute" intérieur – va concerner tous les actes du quotidien mais aussi les pensées et les émotions qui les accompagnent. Une large part de la mission d'observation aura trait à la relation à la nourriture au centre du fonctionnement yoyo. Surtout ne rien changer au niveau alimentaire : il s'agit en quelque sorte d'évoluer vers une cohabitation consciente, avec le personnage de survie qu'est la femme yoyo. En adoptant la posture d'observateur, c'est comme si l'on créait une distance avec la femme yoyo et que l'on interrogeait le passage à l'acte pour comprendre ce qui l'a motivé.

Manger est un passage à l'acte, un automatisme pour la femme yoyo. Elle ne pense plus, elle est en pilotage automatique. Le passage à l'acte témoigne de l'immaturité psychique et de la difficulté à penser, à analyser, à élaborer les conflits dans le rapport à soi et aux autres, à se poser les bonnes questions et tout simplement à accueillir ce qui vient.

Il s'agit de voir cette nouvelle expérience d'observation comme l'exploitation positive du passage à l'acte. Si l'on prend conscience de ce qui se passe en soi et que l'on donne du sens à l'acte de manger, il ne s'agit plus d'un passage à l'acte mais d'une action réfléchie. Le passage à l'acte est une réponse-réflexe, on ne pense plus. Contrairement à la mise en action, où l'on est conscient de ce que l'on fait. Dès lors manger n'est plus un automatisme, mais un acte conscient porteur de sens qui va permettre peu à peu de devenir actrice de ce qui se passe dans l'ici et maintenant. Et au final actrice de sa vie !

Le passage à l'acte est une fuite, alors que la mise en action consciente mobilise le corps et rend possible l'expression des émotions. La mise en action permet de prendre conscience et de vivre pleinement la situation. Peu à peu, grâce à cette prise de conscience, va s'instaurer une régulation des émotions qui évitera de sombrer aussi bien dans le débordement que dans le contrôle. Car le corps et le mental ne sont plus adversaires. Ils sont alliés et synchrones dans le moment présent.

A partir de cette cohabitation avec le personnage de survie, on n'est plus en pilotage automatique. On a une vision éclairée, ou du moins qui devient de plus en plus claire à mesure que l'on démantèle la construction qu'est le fonctionnement yoyo. Grâce à la mise en action, on prend vraiment conscience de ce que l'on fait. Le personnage de survie va peu à peu se retirer pour laisser la place au Moi. Un Moi qui va pouvoir s'exprimer, grandir, évoluer.

Commence alors l'aventure. On accepte d'aller vers l'inconnu. On n'est plus dans la survie mais dans la vie. Car on est connecté au Moi et à l'élan créateur. Accueillir ce qui vient en acceptant d'être surprise permet d'être dans la spontanéité et la créativité.

Dès lors, manger n'est plus une stratégie de survie mais le moyen d'aller à la rencontre de son Moi et de la part authentique de sa personnalité, en s'interrogeant sur ce qui a motivé l'acte. Interroger le visible pour apprendre sur l'invisible...

Un outil va devenir très utile pour effectuer la transition du passage à l'acte à la mise en action : le journal intime.

Le journal intime : rendez-vous au jour le jour avec soi
L'écriture est une stratégie pour sortir du passage à l'acte. A partir du moment où l'acte est accompagné de la pensée et ne la court-circuite plus, il ne s'agit plus d'un

automatisme. Il devient au contraire une piste, un indice pour résoudre l'énigme fondamentale : « *Qui suis-je ?* »

Le jeu de piste commence : « *Quelle émotion a déclenché l'acte de manger ?* », « *A quoi cette émotion fait-elle écho ?* », « *Qu'exprime-t-elle ?* », « *Est-elle produite par la confrontation à l'autre, à un événement, à une pensée ?* »

Il va s'agir en quelque sorte d'analyser chaque prise alimentaire mais aussi chaque acte de restriction, de privation. De traduire en mots le ressenti à l'origine de l'acte. C'est ainsi que, peu à peu, il sera possible de mettre en place d'autres stratégies que celle de manger ou de se priver de nourriture. La première sera de passer par les mots et l'écriture.

Dans un premier temps, ce journal intime ressemblera plus à un carnet émotionnel. Certains le nomment carnet alimentaire, je préfère parler de carnet émotionnel. Car il ne s'agit pas simplement de lister ce que l'on mange mais de retranscrire ce qui a motivé la prise alimentaire. S'agit-il de satisfaire une sensation de faim ? Dans ce cas, manger est la réponse adéquate. En revanche, si la prise alimentaire répond à un autre besoin que la faim, il s'agit d'en trouver l'origine.

Il y a le risque que la réponse ne vienne pas immédiatement, simplement parce que l'on se pose la question. Car bien évidemment il y a des résistances, celles à l'origine de la mise en place du passage à l'acte et de la stratégie de survie. Même si l'on a une vision plus éclairée et que l'on a identifié les stratégies d'évitement et le fonctionnement yoyo, les résistances restent actives.

Mais on a des indices auxquels se référer : les émotions. Certes, on continue de manger ou de ne pas manger pour les calmer, mais elles ne sont plus anesthésiées comme auparavant puisque la mise en action est accompagnée par la pensée, la réflexion. On n'est plus en pilotage automatique.

C'est comme si l'on tirait un fil au cours d'une enquête : prise ou restriction alimentaires > émotion > nature de l'émotion (peur, colère, ennui, angoisse, stress…) > origine de l'émotion (à quoi fait-elle écho ?)…

Les premières confrontations à la page blanche risquent d'être difficiles. C'est comme si l'on était exposé au vide, au néant. C'est un bon exercice pour apprivoiser le vide et la peur qu'il provoque. Tout acte de création confronte au vide. Cette confrontation est nécessaire, elle offre un espace libre pour la création, dont la réalisation de soi…

Si rien ne vient, écrire sur ce rien et ce qu'il suscite en soi. Qu'est-ce qui se passe dans le corps à ce moment-là ? Est-on angoissée par l'exercice ? Agacée, énervée, triste, stressée, ennuyée, pressée, impatiente… Bref, mettre en mots ce que l'on ressent. Ecrire sur les mots eux-mêmes. Viennent-ils facilement, spontanément, librement ? Ou au contraire faut-il aller les chercher ?

Si la page blanche et le sentiment vide qu'elle génère provoquent une angoisse, un ressenti compliqué et douloureux, pas de panique… Regarder cette peur en face, elle est là. Il s'agit alors de l'accueillir, de la ressentir et peu à peu elle va passer son chemin. S'il n'y a que trois mots sur la page : « *J'ai peur* », c'est déjà suffisant. Avancer prudemment, progressivement, pas à pas, comme lors d'un entraînement. Et les mots viendront peu à peu, jour après jour.

Au départ, il serait préférable de noter toutes les prises ou restrictions alimentaires déclenchées par un état émotionnel ainsi que l'événement ou la pensée à l'origine de ce ressenti si, bien évidemment, on a réussi à l'identifier.

Puis, au fil du temps, ce carnet émotionnel peut devenir un journal intime. On pourra y écrire à différents moments de la journée, les mots ou les pensées qui viennent.

A moins que l'on instaure un rituel chaque soir pour relater sa journée, ou chaque matin pour décrire les expériences de la veille.

A chacune de choisir le moment qui correspond le mieux pour ces retrouvailles avec soi. Au fil du temps, la nourriture apparaîtra de moins en moins dans le journal intime pour faire la place à autre chose. A toutes les expériences qui se sont présentées et qui n'ont pas été évitées, contournées, court-circuitées…

Certaines agréables, d'autres moins. Toutes font partie de la vie. Vivre enfin pleinement et intensément, être du côté des vivants.

Quand la femme yoyo vient nous rendre visite
Malgré l'apaisement de la relation à la nourriture et la régulation émotionnelle, il se peut que, de temps à autre, la femme yoyo fasse son retour. Manger ou se priver de manger a longtemps été une stratégie de survie à laquelle on s'est agrippé comme à une bouée. Il y a une mémoire corporelle. On n'arrive pas vierge à ce rendez-vous avec soi. Le corps porte les marques mnésiques laissées par le fonctionnement yoyo. Attention ! Tous ces changements demandent du temps. Le travail sur soi, c'est un travail de tous les jours et pour la vie…

Lorsque l'on a appris un langage, on ne peut le désapprendre. Si l'on change de pays, il va falloir apprendre à parler une autre langue mais il se peut que de temps en temps, ce langage avec lequel on s'est exprimé pendant de nombreuses années, remonte à la surface.

D'ailleurs, c'est très tentant de retourner à ces stratégies de survie car elles sont facilitatrices. C'est justement pour cette raison qu'il est difficile de les lâcher. Il y aura très certainement pendant un temps, des allers-retours, des petites régressions. Car apprendre et créer de nouvelles stratégies demande du temps. Il faut accepter ces allers-retours et s'en servir pour rester connectée à soi et se questionner : « *Pourquoi je m'accroche ainsi au fonctionnement yoyo ?* », « *A quoi suis-je confrontée de difficile ou de douloureux ?* », « *Qu'est-ce qui me fait peur ?* », « *Pourquoi suis-je stressée ?* », « *Qu'est-ce que je cherche à fuir, à éviter ?* »...

La compréhension intellectuelle est différente du vécu psychique. Comprendre ne suffit pas pour se libérer du fonctionnement yoyo, c'est juste la première étape. Il ne faut pas confondre les connaissances intellectuelles et la maturité psychique. Ce ne sont pas les mêmes circuits. Et il y a un temps psychique à respecter. Le temps que le Moi mûrisse, grandisse et apprenne à fonctionner autrement...

Inscription corporelle de la sécurité intérieure

Ces allers-retours – entre attitude consciente et stratégie de survie – sont à différencier de l'oscillation du yoyo où l'on était dans le tout ou rien. Accueillir ces allers-retours représente justement la manifestation d'une bienveillance et d'une tolérance vis-à-vis de soi. Accepter ses faiblesses permet de sortir du perfectionnisme, du contrôle et finalement du tout ou rien, car l'on n'est plus sous la pression intenable de devoir se montrer parfaite à tout moment.

Entre-temps, il y a un enregistrement corporel des phases d'apaisement de la relation à la nourriture. Le corps imprime les moments où l'on mange en pleine conscience.

Une autre relation à la nourriture va s'installer pour devenir peu à peu durable. Ces nouvelles expériences sont comme un courant électrique qui traverse le corps. Elles laissent des traces qui sont enregistrées. Le corps devient partenaire et non plus adversaire !

La régulation des émotions, l'apaisement de la relation au corps et à la nourriture ont une inscription corporelle. Ces expériences participent elles aussi à l'acquisition et au développement du sentiment de sécurité intérieure.

Si l'on écoute ses sensations de faim et de satiété, peu à peu, le poids va se stabiliser. Il est possible aussi que l'on passe par une perte de poids lente et progressive mais qui sera durable. Elle est différente de celles du passé car l'on n'est plus dans le yoyo, ni dans le contrôle mais dans l'acceptation d'un corps que l'on a appris à aimer. Et même après des années, des décennies de désamour, voire de maltraitance, le corps est capable d'apprendre à vivre autrement. Un corps qui n'est pas parfait, mais unique, différent et grâce auquel on se sent vivante. Un corps digne et que l'on est maintenant, capable d'aimer et de respecter…

La confiance en soi et en son corps, doublée d'un sentiment de sécurité intérieure aura pour conséquence la stabilité pondérale. Rappelez-vous, stabilité et sécurité sont liées, tout comme le sont l'instabilité et l'insécurité…

10.
VERS DE NOUVELLES EXPÉRIENCES, DE NOUVELLES RENCONTRES

ALLEZ VERS LA NOUVEAUTÉ

Quitter le fonctionnement yoyo peut faire peur car l'on va devoir avancer sans protection. L'être et le Moi sont à découvert...

Toutefois, en créant une autre manière de vivre plus créative, cette peur s'estompe progressivement. On peut être soi et par moment vulnérable, on ne se sent pas en danger. L'élan créateur est présent aussi pour provoquer toutes sortes de stimulations et d'opportunités.

Grandir, évoluer, s'épanouir ne peut se faire sans recherche de nouveauté. Nouvelles expériences, nouvelles rencontres...

Dans cette partie du livre, si vous le permettez, je vais m'adresser à vous directement. Si vous avez parcouru tout l'ouvrage et que vous en êtes à ce stade de la lecture, c'est que vous êtes peut-être une femme yoyo. En allant à la rencontre de votre corps, de vos sensations, de vos émotions, de vous-même et de l'autre, vous pourrez progressivement vous défaire du fonctionnement yoyo. Voici quelques pistes et outils pour faciliter ces rencontres et mieux vous connaître.

ALLEZ À LA RENCONTRE DE VOTRE CORPS ET DE VOS SENSATIONS

En raison de ses fluctuations pondérales, toute femme yoyo se voit plus grosse qu'elle n'est en réalité. Elle a une vision biaisée et déformée de son corps. Le manque de communication entre son corps et son psychisme n'arrange rien et accentue les difficultés de représentation et d'image corporelles. Travailler sur l'image est fondamental afin de rétablir une vision plus réaliste du corps.

Justement les selfies sont à la mode. L'idée est de vous prendre en photo à différents moments en étant vous-même, avec des jours plus fastes que d'autres, sans essayer de donner forcément la meilleure image de vous. Certains jours on est moins en forme. Cela se voit mais ce n'est pas grave. Lâchez peu à peu le perfectionnisme, allez vers l'authenticité afin d'être le plus en phase possible avec le moment présent.

Demandez aux autres de prendre des photos de vous. Filmez-vous, regardez votre corps en mouvement. Aujourd'hui c'est à la portée de tous à partir d'un simple Smartphone.

Travaillez aussi à partir du miroir, même si pour la femme yoyo, il est difficile de se voir dans la globalité à partir d'un miroir. Elle a tendance à focaliser sur certaines parties de son corps et a du mal à voir l'ensemble. Il s'agit de réussir peu à peu à rassembler ces différentes parties.

Dans un premier temps, regardez-vous dans des tenues moulantes puis en sous-vêtements jusqu'à la nudité. La nudité va être apprivoisée petit à petit. D'abord seule chez vous, puis dans l'intimité du couple. Et pourquoi ne pas tenter le hammam ? L'ambiance est enveloppante et non-agressive, la vapeur, le clair-obscur et les lumières tamisées faciliteront l'expérience.

Cette démarche favorisera l'acceptation de votre corps mais aussi la mise à distance du regard des autres. Toute femme yoyo a une attitude paradoxale vis-à-vis du regard de l'autre : elle en est dépendante mais en même temps le craint et le ressent comme intrusif.

Exposer son corps dans un cadre protecteur peut être libérateur. L'expérience du hammam associée à des soins (massages, gommages…) permet d'avancer sur le chemin qui mène à la rencontre du corps et de ses sensations.

Le toucher : allez au contact de votre corps
Pour certaines d'entre vous, il sera peut-être plus facile de commencer par des automassages : se masser, se caresser, se chouchouter. Un toucher maternant comme celui d'une mère qui prend soin de son enfant. Ce toucher bienveillant, sécurisant et bienfaisant va aider aussi à développer la parentalité interne.

Peu à peu, vous pourrez vous en remettre à une professionnelle pour un massage thérapeutique, relaxant, de confort ou de bien-être. Une relation de confiance qui permettra de lâcher-prise.

Allez-y progressivement. Le travail sur le toucher et le contact du corps est quelque chose d'intime. Il permet de libérer le corps de l'angoisse d'intrusion et de travailler sur les limites et les contours. A chacune d'aller à son rythme et de trouver ses propres limites.

Appropriez-vous votre corps à travers le mouvement
Pour toute femme yoyo, l'activité physique est surtout un moyen de brûler des calories. Tête et corps se livrent un combat sans merci. L'activité physique a pour objectif de soumettre davantage le corps, de le vider de son éner-

gie sans écouter les sensations et les messages qu'il envoie comme la fatigue ou la douleur. Jusqu'à aller parfois à la limite du supportable et de l'épuisement. Chez la femme yoyo, l'idée de performance domine. Aller toujours plus loin, plus vite, se dépasser afin que la volonté triomphe.

L'objectif ici est donc différent. Il s'agit de travailler avec le corps et non contre lui, d'en faire un allié, d'apaiser la relation. Tête et corps peuvent fraterniser, communiquer afin que le Moi psychique et le Moi corporel puissent se connecter et échanger sur leurs expériences respectives. Avec la possibilité de s'ouvrir enfin aux sensations corporelles qui pourront être élaborées psychiquement.

Soyez attentive à vos sensations lors des mouvements mais aussi pendant les moments de détente du corps. Concentrez-vous sur votre respiration, sur la circulation de l'air et les échanges entre l'intérieur et l'extérieur. L'air qui entre et qui sort est un autre moyen de travailler sur les limites et l'angoisse d'intrusion.

Préférez les activités lentes, la marche plutôt que le jogging. Marcher est aussi une manière de méditer. De nombreuses disciplines associent spiritualité et corps : le yoga, le tai chi ou le chi gong facilitent l'harmonie. Elles vont dans le sens du rétablissement d'un dialogue entre corps et psychisme. Selon les préférences de chacune, d'autres disciplines sont également indiquées pour aller à la rencontre de son corps et de ses sensations, comme le stretching, la barre au sol, le body balance, le pilates, et toutes sortes de relaxation...

Ecoutez et décrivez vos sensations

Toutes ces expériences ne sont intéressantes que si vous êtes à l'écoute de ce qui se passe dans votre corps, au moment présent où vous le vivez mais aussi lors de la remémoration. Il est important pendant toute la phase de transition, d'investigation, de transformation, de retranscrire quotidiennement dans le journal intime toutes les observations faites à partir de vos nouveaux ressentis. Il s'agit de traduire en mots toutes les expériences que vous aurez vécues : nouvelle perception de l'image du corps, sensations corporelles lors de massages, de mouvements, de la détente, de la relaxation, du lâcher-prise, de la respiration… Le corps envoie des messages, il s'agit non seulement de les écouter mais aussi de les mettre en mots, de verbaliser le ressenti.

Explorez et développez un nouveau vocabulaire pour traduire au plus près vos nouvelles expériences corporelles et le ressenti qu'elles produisent en vous.

Le journal intime sera votre compagnon pendant toute cette période de transition. Et c'est justement grâce à lui que les transformations pourront avoir lieu, et que le fonctionnement yoyo perdra peu à peu du terrain.

Il peut s'agir d'un carnet ou d'un cahier. Choisissez-le avec soin car il va devenir un objet très précieux, le témoin de toute cette aventure pour aller à la rencontre de vous-même.

Une partie de ce journal sera réservée au carnet émotionnel où figureront toutes les prises alimentaires comme nous l'avons déjà vu. Pour noter toutes les prises alimentaires, vous pouvez vous servir du bloc-notes de votre téléphone que vous avez sans doute toujours à proximité, afin de ne rien oublier et d'être la plus fidèle possible dans la description du ressenti au moment présent. Puis, le soir, retranscrivez ces informations dans le carnet. Il ne s'agit là que d'une suggestion. A chacune de trouver l'organisation qui sera la plus pratique pour elle. Exprimez là aussi votre créativité !

Je le répète : ne modifiez rien au niveau alimentaire, surtout pas de contrôle, ni même de tentative de stabilisation. Elle se fera peu à peu grâce à tout ce travail d'investigation et de compréhension de soi.

Comprendre le rôle de la nourriture et des restrictions alimentaires vous permettra de sortir progressivement du passage à l'acte et de la culpabilité. Mettre en mots le ressenti qui a déclenché la prise alimentaire va peu à peu démanteler la stratégie que représente le fonctionnement yoyo. Plus le lexique et le vocabulaire des ressentis vont s'étoffer et plus le psychisme sera en capacité de faire son travail d'analyse, d'élaboration et plus le fonctionnement yoyo perdra de son pouvoir. Progressivement, la relation à la nourriture va se réguler et le poids se stabiliser.

Essayez de diminuer le nombre des pesées. Concentrez-vous sur vos sensations plutôt que sur le poids. Détachez-vous de l'obsession de la balance. Elle est un allié du contrôle et de l'emprise de la tête sur le corps.

Ayez confiance en vous et en vos sensations alimentaires. « *De quoi ai-je envie ?* », « *Ai-je encore faim ?* » Retrouvez le plaisir et le goût, apprenez à écouter votre appétit. Analysez ce que vous ressentez lors de la dégustation. Là encore soyez la plus précise possible dans la description, comme les chefs lorsqu'ils décrivent un plat et ses saveurs. Plus il y aura de mots, moins il y aura de passage à l'acte. Plus il y aura de plaisir et moins il y aura de frustration alimentaire, celle qui pousse aux grignotages et à la perte de contrôle.

Laissez-vous du temps. Il y a un temps psychique nécessaire pour comprendre, analyser, intérioriser et s'approprier toutes ces découvertes.

ALLEZ À LA RENCONTRE DE VOS ÉMOTIONS

Les émotions font partie de la vie. Elles font de nous des êtres vivants. Toute femme yoyo fuit la plupart du temps les émotions en les anesthésiant à coup de nourriture ou de restrictions alimentaires. Pourtant, les émotions sont d'excellents indicateurs de ce que nous vivons. Par exemple, écouter sa colère, c'est comprendre que l'on est frustrée ou que les limites du supportable sont atteintes. Les émotions sont des réactions soit à des événements et à des situations auxquelles nous sommes confrontés, soit à des pensées qui nous traversent l'esprit. Les émotions sont donc des signaux qui nous informent quand il y a lieu de modifier des choses dans notre vie. Il ne s'agit donc pas de les taire, mais au contraire de les accueillir, de leur faire de la place. Elles sont comme des boussoles qui nous indiquent si la manière dont nous vivons est confortable ou si elle nous met à rude épreuve.

La femme yoyo n'a pas conscience de ce qu'elle vit vraiment. Elle n'a pas eu de "penseur externe", fonction exercée par les parents pour aider l'enfant à comprendre et à exprimer ce qu'il ressent. C'est une des raisons de la mise en place de son fonctionnement qui musèle et contrôle les émotions.

Grâce au carnet émotionnel, en observant et en décodant la relation que vous entretenez avec la nourriture, peu à peu vous allez pouvoir démasquer les émotions qui se cachent derrière certaines prises alimentaires qui ne répondent pas à la faim. Au fur et à mesure de ce que vous allez découvrir et comprendre de votre ressenti, vous serez en capacité de mettre en place une autre stratégie : la mentalisation ou élaboration psychique. Corps et psychisme vont communiquer. Le psychisme va se charger du traitement et de la régulation des émotions.

Le journal intime sera le témoin de toutes ces nouvelles expériences. Réservez-vous un petit moment tous les jours. Instituez ce rituel comme un rendez-vous avec vous. Une petite routine de retrouvailles intimes avec soi qui permettra la construction d'une maison psychique solide, confortable et rassurante.

L'important est d'analyser son ressenti, ses émotions et leur intensité et de travailler aussi sur la description la plus fine, la plus précise de ce que vous ressentez. Trouvez le mot juste, la bonne formule. Posez-vous clairement les questions : « *Qu'est-ce que je ressens en ce moment (ou plus tôt dans la journée)* ? », « *Qu'est-ce qui se passe en moi ?"*, « *A quoi cela me renvoie-t-il* ? », « *Ai-je déjà vécu cette sensation* ? », « *A quelle occasion* ? »…

Une technique de méditation va faciliter l'accueil et la compréhension des émotions : la pleine conscience.

Qu'est-ce que la pleine conscience ou "mindfulness" ?

La pleine conscience également appelée présence attentive ou *mindfulness*, est en quelque sorte la prise de conscience de ce que l'on vit et ressent au moment présent, sans jugement, ni tentative de contrôler sa pensée ou son ressenti. Elle désigne une conscience vigilante de ses propres pensées, émotions, actions et motivations. Manger en pleine conscience participe à la transition du passage à l'acte vers la mise en action consciente. C'est le contraire du "pilotage automatique" où l'on vit et agit de manière quasi mécanique, sans avoir conscience de ce que l'on fait vraiment et de ce que l'on ressent.

La pleine conscience, c'est être attentif à l'expérience du moment présent : pensées, ressentis corporels, perceptions sensorielles et émotionnelles… C'est décrypter ce que l'on ressent en acceptant d'accueillir ce qui vient d'agréable ou de désagréable, sans tenter de contrôler quoi que ce soit. Grâce à la pleine conscience, l'être prend le pas sur le faire. C'est arrêter un peu le temps aussi, se poser, se centrer sur soi, sur ses perceptions et son ressenti. L'objectif n'est pas de se détendre, ni de passer un bon moment mais d'observer ce que se passe en soi.

Pour celles qui ne connaissent pas la pleine conscience, vous trouverez sur internet différents exercices gratuits et accessibles à toutes. Visionnez quelques vidéos afin de comprendre de quoi il retourne. Au début, il est préférable de commencer par de petits exercices de quelques minutes, deux ou trois fois dans la journée.

Voici un exemple d'exercice de pleine conscience basée sur la respiration.

Installez-vous dans une position confortable. Concentrez-vous sur votre respiration. Les yeux peuvent être fermés ou rester ouverts, dans ce cas fixez un point. Ramenez continuellement votre attention sur le moment présent. Si les pensées s'invitent et envahissent l'esprit, examinez-les (sans juger leur nature, ni en bien ni en mal), ainsi que leur durée, les sensations qu'elles produisent. Puis revenez calmement à l'observation de la respiration, au trajet de l'air lors de l'inspiration et de l'expiration. Observez comment les pensées vont, viennent, disparaissent et leur impact sur le corps et les émotions.

Grâce à ces exercices, on prend conscience de l'effet calmant et apaisant d'une respiration profonde et régulière sur la tension intérieure. La régulation émotionnelle va se développer également car il sera plus facile de repérer la nature positive ou négative des émotions et des pensées.

Distinguez les émotions entre elles

« *Qu'est-ce qui se passe en moi ?* », « *Ai-je peur ?* », « *Suis-je angoissée ?* », « *Suis-je triste ?* » La première étape consiste à accueillir l'émotion, à l'accepter, à l'identifier. Puis dans un second temps, à chercher la cause à l'origine de cette émotion. Les émotions sont des réactions. Elles répondent à un événement déclencheur : soit externe (confrontation à la réalité, aux autres…) ; soit interne comme une pensée (souvenir, préoccupation, anticipation…).

Identifiez l'émotion

La *tristesse* signale un manque. Elle exprime le fait que nous vivons une perte, une séparation ou que nous n'arrivons pas à atteindre les objectifs que nous nous sommes donnés.

Elle a un sens : elle nous permet de prendre conscience que quelque chose ou quelqu'un nous manque. Il s'agit d'accepter ce manque et de faire si nécessaire un travail de deuil. Elle nous invite aussi à demander de l'aide, du soutien auprès d'un autre ou vis-à-vis de nous-même, dans une auto-consolation. Sans nous juger. Une attitude de bienveillance et de compassion qui permet le développement de la parentalité interne. Etre un bon parent pour soi…

La *colère* est souvent liée à une frustration. Elle nous indique que les limites sont atteintes, que nous n'acceptons plus la situation à laquelle nous sommes confrontés. Une confrontation à la réalité qui peut être frustrante et empêcher la réalisation de nos désirs. La colère peut être ressentie vis-à-vis d'un autre ou de nous-même.

Elle a un sens : elle stimule et permet de nous défendre d'une attaque. Toutes les émotions sont utiles. La colère, par exemple, peut nous indiquer que nos droits sont bafoués. Elle donne l'énergie nécessaire pour nous rebeller. Elle est une issue à la résignation face à une injustice. Il existe différentes formes de colère. Il y a la colère saine et la colère inadaptée. La colère est une émotion qui fait perdre le contrôle de soi, elle peut être risquée car elle peut provoquer des comportements agressifs ou autodestructeurs. Il ne s'agit pas de l'étouffer mais de limiter le danger qu'elle représente et surtout de comprendre à quoi elle répond. La femme yoyo, en écoutant sa colère, va peu à peu la comprendre et s'en libérer, tout comme la culpabilité inconsciente à laquelle ce sentiment est associé.

L'angoisse nous renseigne sur la dangerosité d'une situation. L'appréciation du danger va bien entendu être différente d'un individu à l'autre.

Elle a un sens : elle incite à nous protéger, à être prudent. Elle est subjective et répond à l'interprétation et au jugement que nous avons vis-à-vis de telle ou telle situation. Certains individus qui comme la femme yoyo ressentent un sentiment d'insécurité intérieure, sont plus angoissés que d'autres. La femme yoyo est dans l'évitement et son fonctionnement yoyo est la stratégie qui lui permet de fuir les ressentis d'angoisse. Pourtant, c'est en se confrontant à ses angoisses que l'on arrive peu à peu à les dominer et à diminuer l'intensité de la peur et de l'anxiété.

L'ennui, comme toutes les autres émotions, a sa place. C'est un ressenti normal. Il fait partie de la vie. Ce sont des moments de creux qui nous renvoient à un face-à-face avec nous-mêmes. Il renvoie à la capacité d'être seul.

Pour la femme yoyo, l'ennui est source d'angoisse car il confronte au vide, au manque. D'où la stratégie de s'agiter, de se remplir de nourriture ou d'obsessions pour combler le vide et éviter l'ennui.

Il a un sens : c'est une période d'accalmie qui nous permet justement de nous retrouver avec nous-mêmes dans notre maison psychique. Un moment d'échange et de dialogue avec soi qui est propice à la réflexion, à la rêverie, à la méditation, à la création dont la création des désirs.

La femme yoyo s'évertue à combler tout vide grâce à son fonctionnement yoyo. Mais plus elle s'agite (mange ou remplit sa tête de règles alimentaires), plus elle ressent le vide. C'est en se confrontant à l'ennui, à la solitude, au vide qu'il lui sera possible de s'interroger sur ce qu'elle souhaite vraiment, de se questionner sur ses désirs, et de se donner des objectifs plus réalistes. Des objectifs qu'elle pourra atteindre et qui lui procureront plaisir et satisfaction. L'ennui ne sera alors plus source d'angoisse, ni de solitude.

Toute femme yoyo est dans une quête de minceur et de perfection, ses d'objectifs sont inatteignables car son perfectionnisme est excessif. Elle n'est pas dans l'être mais dans le paraître et le faire, ce qui amplifie la sensation de vide.

Alors qu'être pleinement dans ce que l'on vit au moment présent, ressentir les émotions y compris l'ennui, les accueillir permet de se sentir vivante, pleine de vie, de créativité… et loin du vide.

Apprenez à mieux gérer vos émotions
Pour apprendre à gérer ses émotions, il s'agit de les observer en pleine conscience et d'identifier le ressenti qu'elles provoquent au niveau corporel. Essayez de reconnaitre et de nommer les émotions que vous ressentez. Retranscrivez-les le plus précisément possible. Cela vous permettra peu à peu de lâcher prise, car l'émotion est de passage et ne dure pas. En l'observant avec attention, on se rend compte justement de sa durée limitée.

Chaque émotion a un sens, une cause, une origine, que ce soit un événement ou une pensée. En identifiant l'origine d'une émotion, on voit s'il est possible de modifier certains paramètres, afin que l'événement ou la situation soit vécue de manière moins négative. C'est à partir du moment où l'on accepte la réalité qu'elle devient moins frustrante. Parfois, il s'agit de modifier la manière dont on appréhende les choses. Parfois il peut s'agir aussi de pensées…

Sortez des pensées dysfonctionnelles
Afin d'arriver à mieux réguler ses émotions, il s'agit aussi de prendre conscience des pensées qui traversent l'esprit et qui sont à l'origine de certaines émotions.

Les pensées ne sont que des pensées, elles ne sont pas des vérités. Remettre en cause certaines pensées permet d'envisager d'autres hypothèses.

On peut aussi avoir des croyances limitantes : « *Je suis faible* », « *Je suis nulle* », « *Je ne vais jamais y arriver* », « *Je ne suis pas à la hauteur* », « *Je vais décevoir* »… Elles sont à l'origine du manque de confiance et d'estime de soi.

On peut faire également des erreurs de jugement, comme par exemple mal évaluer le danger face à telle ou telle situation. Ces erreurs d'appréciation ne correspondent souvent aucunement à la réalité, elles font parfois partie de l'héritage familial. En raison d'un sentiment d'insécurité intérieure, certaines familles sont plus anxieuses que d'autres, elles ont tendance à voir le danger un peu partout.

Comme pour l'identification des émotions, il est important de repérer et d'identifier ces pensées dysfonctionnelles. Décrivez-les le plus justement possible dans votre journal. C'est une manière de s'y confronter mais aussi de mettre une distance, de les aborder différemment et de poser un autre regard sur elles. Les envisager autrement vous permettra de ne plus être sous leur emprise.

Peu à peu, vous pourrez vous donner des objectifs plus réalistes et vous dégager du "tout ou rien", du perfectionnisme, des injonctions « *Je dois* », « *Il faut* », de la dévalorisation de soi et de survalorisation des autres.

Bref, sortez du "pilotage automatique" et des pensées toutes faites. Elles sont comme les boutons d'une télécommande et provoquent des émotions négatives qui empêchent de vivre de manière authentique et libre. Libérez-vous de vos pensées limitantes et dysfonctionnelles et, progressivement, vous en viendrez à lâcher le fonctionnement yoyo.

ALLEZ À LA RENCONTRE DE VOUS-MÊME

Acceptez-vous avec bienveillance et sans jugement
Tout ce travail d'investigation et de découvertes autour du corps, des sensations, des émotions et des désirs, va rendre possible l'acceptation de soi pour s'aimer d'une manière inconditionnelle. Il s'agit aussi de travailler sur le regard que l'on porte sur soi, la faible estime et le manque de confiance en soi.

Une fois les pensées dysfonctionnelles et les croyances limitantes identifiées, on prend conscience de leur action toxique et de leur participation à la faible estime de soi. Ces pensées négatives d'impuissance, d'incompétence et parfois même de nullité provoquent, on s'en doute, des émotions négatives. L'acceptation de soi consiste à s'accepter comme on est, même si l'on souhaiterait être autrement.

Ce qui n'empêche pas, bien évidemment, que nous puissions évoluer, changer, progresser. S'accepter, c'est accepter que l'on ne soit pas parfait et que l'on puisse échouer. On peut être bon dans un domaine et moins bon dans un autre. Et surtout, garder à l'esprit que la progression et le changement sont possibles.

Objectif : être dans une quête d'évolution, de création et non plus de perfection. Chercher à découvrir, lire, apprendre, évoluer sans avoir la perfection comme objectif, juste éprouver du plaisir en tentant d'élargir son horizon. Et là aussi, sortir du "tout ou rien" et du "tout, tout de suite", se laisser du temps. Le temps psychique nécessaire pour intégrer toutes ces informations et imaginer de nouvelles expériences.

(Re)trouvez le plaisir d'être soi

Le plaisir est nécessaire à la vie et au sentiment de se sentir vivant. Pour toute femme yoyo, il s'agit aussi de sortir de cette culpabilité inconsciente qui la pousse à se punir et l'empêche de savourer et d'accéder au plaisir. Comprendre son histoire, le mode relationnel qui la lie à ses parents, à sa famille, écouter les voix de l'enfance, pratiquer la pleine conscience, accueillir les émotions, déjouer les pensées dysfonctionnelles...

Toutes ces nouvelles expériences vont vous permettre de vous ouvrir peu à peu à davantage de plaisir.

Cette nouvelle manière d'appréhender les événements mais aussi le corps et les ressentis, permet d'aller à la rencontre de soi, de se découvrir enfin.

Même les activités routinières du quotidien comme le ménage, la vaisselle, la contemplation d'un arbre, d'un tableau, d'une photo, du ciel, une simple balade ou le trajet pour se rendre à son travail peuvent devenir des expériences uniques grâce à la pleine conscience, comme si on les vivait pour la première fois. Elles apportent leur lot de découvertes sur soi.

« *Qu'est-ce qui se passe dans mon corps ?* », « *Qu'est-ce que je ressens ?* », « *Quelle émotion cela me procure-t-il ?* », « *Agréable, désagréable, rien, quelle intensité ?* »... Toutes ces questions vont agir sur l'établissement d'une bonne communication entre corps et psychisme.

Etre dans l'acception de soi et dans l'écoute de ce que l'on ressent, c'est passer du noir et blanc à la couleur des sentiments.

S'accepter comme étant imparfaite, faillible… humaine
Cette nouvelle organisation, cette nouvelle manière de vivre et tous les liens qu'elle permet de faire, va donner du sens au parcours personnel de chacune. S'accepter, c'est accepter son histoire, et les mauvais choix que l'on a pu faire à un moment ou un autre. S'accepter, c'est poser un autre regard sur ces choix que l'on a peut-être regrettés : ils n'apparaîtront plus mauvais puisqu'ils auront aussi contribué à devenir la personne que l'on est aujourd'hui, au moment présent. Ces choix correspondaient à la personne que l'on était au moment où on les a faits.

Mais tout individu évolue, change. Tout le monde a le droit de se tromper, de changer d'avis. On peut revenir sur sa position, les choix sont réversibles. La vie est un long chemin pavé d'expériences agréables et d'autres qui le sont moins. Certaines auraient pu être évitées mais toutes font évoluer, progresser. On apprend souvent beaucoup de ses erreurs, elles font partie d'un tout.

L'important est surtout de sortir de la répétition et de la peur de l'échec qui mènent parfois à créer les situations propices à provoquer l'insuccès. La peur d'échouer peut conduire aussi à la passivité, à la procrastination quand l'on remet toujours à plus tard. L'être humain est faillible, imparfait. S'accepter, c'est s'accepter dans la globalité avec ses failles, ses imperfections et l'éventualité que l'on puisse se tromper.

Prenez conscience de ce qui est prioritaire dans la vie. Aller vers plus d'humanité en fait sûrement partie. Aucun individu n'est constitué d'un bloc, c'est un ensemble de parties, de faiblesses et de forces aussi. Reconnaître ses faiblesses est une force…

Pouvoir écouter les voix de l'enfance

L'écoute du corps et des émotions permet d'aller à la rencontre de soi et favorise l'acception de la personne que l'on est. Il sera enfin possible d'entendre les voix de l'enfance qui seront écoutées et non plus muselées, la voix du bébé avide, de la petite fille modèle ou de l'adolescente rebelle. L'une d'elles portera peut-être plus que les autres. Les souvenirs aussi vont remonter à la surface. Le journal intime va les accueillir et leur faire une large place. Ces morceaux du passé apparaîtront peut-être de manière décousue, comme dans les rêves. Peu importe. Le puzzle mnésique va peu à peu s'organiser et il n'y aura plus de trous ni de vide.

Tout a un sens. A chacune de trouver se qui se cache derrière les oscillations de son yoyo, le désir de minceur ou la prise de poids. Pour chaque femme yoyo, le bébé, la petite fille et l'adolescente s'exprimeront différemment selon l'histoire qui est la sienne.

L'acceptation de soi ne peut survenir que si le passé est revisité et que les voix de l'enfance sont entendues grâce à l'analyse des ressentis et des émotions. C'est à travers ces voix que s'exprime aussi le Moi. Elles participent à la constitution des différentes facettes de la personnalité. Les écouter contribue à la construction identitaire.

Remonter dans les souvenirs, repérer ses désirs, chercher à faire des compromis permet à la femme yoyo de sortir de son fonctionnement binaire et du passage à l'acte.

Sortir du fonctionnement yoyo grâce au compromis

Si les voix de l'enfance sont entendues, respectées, elles ne pousseront plus au passage à l'acte. Les voix de l'enfance viennent de l'inconscient qui cherche à être entendu. S'il ne l'est pas, les passages à l'acte sont une issue pour exprimer le conflit et la tension internes auquel le Moi est confronté.

En vous écoutant et en vous acceptant telle que vous êtes, avec vos paradoxes, vos imperfections, en cherchant à faire des compromis, vous trouverez la voie du milieu que vous aviez tant de mal à percevoir en raison d'un fonctionnement en "tout ou rien".

Ces compromis témoigneront de votre évolution, de votre bienveillance vis-à-vis de vous-même. Un développement de la parentalité interne qui vous permettra d'être une bonne maman envers vous-même.

ALLEZ À LA RENCONTRE DES AUTRES

Trouvez la bonne distance avec l'autre
Nous l'avons vu, la relation à l'autre de toute femme yoyo est dictée par ses angoisses d'abandon et d'emprise, d'où la recherche de fusion mais aussi de fuite quand l'autre est ressenti comme intrusif.

S'écouter, comprendre l'origine de ses peurs, de sa colère permet non seulement de réguler ses émotions mais aussi de mieux se connaitre, de développer une confiance en soi et de trouver la bonne distance avec l'autre. Ne plus être dans une dépendance affective, une dépendance à l'autre.

Grâce au repérage de ses émotions, de ses désirs, il est possible de sortir du squat psychique et de la confusion entre les ressentis de l'autre et les siens. S'accepter, s'écouter avec bienveillance donne une meilleure estime de soi, consolide les bases narcissiques.

Cette nouvelle capacité à faire des compromis avec soi sert aussi d'apprentissage pour réussir le compromis avec l'autre.

Négociez avec l'autre
Lorsque la relation à l'autre est solide et basée sur un respect mutuel, la divergence d'opinion est possible sans qu'elle remette en cause le lien entre les deux parties. L'affirmation de soi, c'est faire valoir ses droits en conservant une bonne relation avec l'autre et accepter aussi qu'il puisse y avoir parfois des désaccords.

Se respecter soi-même et respecter l'autre, c'est accepter ses différences, mais sans subir ses décisions.

Grâce aux compromis, les deux parties trouvent un terrain d'entente. Le compromis n'est pas une concession (on peut faire valoir ses droits dans un compromis), il s'agit du chemin du milieu. Si l'on trouve cette voie d'équilibre en soi, il est plus facile alors de la trouver avec l'autre.

Une bonne communication pour une bonne relation

Une bonne relation à l'autre commence par une bonne communication. C'est pouvoir exprimer clairement, précisément et parfois aussi fermement une demande, un avis, une opinion, un désir... C'est parler en son nom, dire « *Je* » plutôt que parler par ellipse ou par sous-entendus qui peuvent être mal interprétés. C'est aussi apprendre à dire non.

Servez-vous là aussi de votre journal pour mettre en mots, analyser la relation avec l'autre. Cela peut concerner le cadre intime et amoureux, mais aussi les relations familiales, amicales, professionnelles...

Décrivez et analysez les émotions que ces échanges provoquent en vous. Cette souplesse psychique et relationnelle vous permettra de vous positionner d'égal à égal, mais aussi de demander de l'aide à l'autre sans pour autant vous sentir inférieure, soumise ou sous emprise. Car il ne s'agit pas d'exercer un pouvoir l'un sur l'autre, mais d'instaurer une relation respectueuse d'amour ou d'amitié.

Sortir de la bipolarité fusion/fuite dans laquelle se trouve parfois la femme yoyo, pour aller vers une relation plus spontanée, sans confusion entre soi et l'autre ni jugement. Une relation libre et créative, loin du squat psychique...

CONCLUSION.
DEVENEZ ACTRICE ET CRÉATRICE
DE VOTRE VIE

Progressivement, les réponses aux questionnements existentiels vont vous aider à prendre confiance en vous, et vous permettront d'agir efficacement sur votre vie. Vous n'aurez plus le sentiment de la subir. Avec la possibilité de vous remettre parfois en question, sans pour autant aller jusqu'à vous juger incompétente, impuissante ou même nulle, grâce à une bienveillance et un amour inconditionnel pour vous-même. Tout ce travail sur soi demande du temps.

Cette souplesse psychique, vous pourrez l'atteindre en sortant de l'impatience, du contrôle, du perfectionnisme, du "tout ou rien", du "tout de suite" et des pensées dysfonctionnelles.

Ne plus être dans la maîtrise continuelle mais dans le lâcher prise…

Se sentir actrice et créatrice de sa vie, c'est aussi reconnaître que l'on ne peut pas tout changer. Mettre des actions en place pour changer ce qui peut l'être et accepter ce qui ne peut être changé. Il s'agit parfois de ne pas se battre contre la réalité, mais de l'accepter.

Aller à la rencontre de soi permet de consolider les fondations de sa maison psychique. L'écriture du journal participe de cette réorganisation psychique. Toute cette investigation, pour aller à la rencontre de soi et mieux se connaître, contribue à la création et au maintien d'une relation saine et épanouissante avec soi et avec les autres.

Et peu à peu la confiance en soi et en l'autre se substituera à l'instabilité et à l'insécurité intérieures.

En route vers la liberté !

J'espère que ce livre vous aura aidé à mieux comprendre ce qui se cache derrière le yoyo pondéral et la relation à la nourriture qui ne sont que la partie visible d'un fonctionnement plus global.

Il ne s'agit que de quelques pistes de réflexion et d'actions. Ce livre ne se substitue pas à une psychothérapie. Certaines auront peut-être besoin d'un soutien et d'un accompagnement psychologiques durant la phase d'affirmation de soi et de construction identitaire.

S'ouvrir à soi permet de s'ouvrir aux autres. S'ouvrir sur l'extérieur et laisser s'exprimer son élan créateur… Repérer ses désirs, ses besoins, se fixer des objectifs réalistes, aller vers une réalisation de soi épanouissante pleine de créativité et de joie de vivre…

Que de découvertes en prévision ! Je vous les souhaite les plus belles possibles. Le voyage sera parfois inconfortable et douloureux, mais il en vaut la peine. La liberté est à l'arrivée…

Belles découvertes et bon voyage à toutes !

REMERCIEMENTS

Hommage et gratitude…
… au psychanalyste Guy Corneau qui nous a quitté récemment. Il a été très inspirant notamment grâce à son travail autour des concepts de personnage de survie et d'élan créateur. Sa créativité a stimulé la mienne et a élargi mon horizon. Merci !

Merci…
… au groupe des premières lectrices qui se sont penchées sur le travail préparatoire à cet ouvrage et m'ont donné de précieux conseils : Valérie Agnus, Catherine Becquelin, Simone Cohen-Léon, Blandine Frangi, Catherine Géreau, Lucie Larmagnac, Sylvana Leclerc, Dominique Mansuy.

A la communauté qui me suit sur la page Facebook et via le blog www.la-femme-yoyo.com.

A toute ma famille qui m'a beaucoup soutenue, encouragée et qui a cru en moi.

A Eric qui a participé à ce projet et a fait preuve d'une grande patience.

A tous, un grand Merci !

BIBLIOGRAPHIE

Voici la liste des ouvrages sur lesquels je me suis appuyée pour développer le concept de femme yoyo.

- CATHERINE AUDIBERT : « L'incapacité d'être seul » (Petite Bibliothèque Payot Psychanalyse)
- JÉROME CARRAZ : « Anorexie et boulimie : approche dialectique » (Editons Elsevier-Masson)
- MAURICE CORCOS : « Le corps absent ; Approches psychosomatique des troubles des conduites alimentaires » (Dunod Editions)
- GUY CORNEAU :
  - « Le meilleur de soi » (Editions J'ai lu-Bien être)
  - « Victime des autres, bourreau de soi-même » (Edition J'ai lu-Bien être)
- GÉRARD DECHERF : « Souffrances dans la famille ; thérapie familiale psychanalytique d'aujourd'hui » (In Press Editions)
- PHILIPPE JEAMMET : « Anorexie Boulimie » (Editions Fayard)

- JACQUES SALOME : « Le courage d'être soi » (Editions du Relié)
- YVES-ALEXANDRE THALMANN : « Le décodeur des émotions » (Editions First)
- BERNARD WAYSFELD : « Le Poids et le Moi » (Editions Armand Colin)
- DONALD W. WINNICOTT : « La capacité d'être seul » (Petite Bibliothèque Payot Psychanalyse)

www.ingramcontent.com/pod-product-compliance
Lightning Source LLC
LaVergne TN
LVHW051728080426
835511LV00018B/2944